Alcoff | Das Problem, für andere zu sprechen

[Was bedeutet das alles?]

Linda Martín Alcoff

Das Problem, für andere zu sprechen

Aus dem amerikanischen Englisch übersetzt von Valerie Gföhler

Herausgegeben und mit einem Nachwort von Marina Martinez Mateo

Reclam

2. Auflage

RECLAMS UNIVERSAL-BIBLIOTHEK Nr. 14356
2023 Philipp Reclam jun. Verlag GmbH,
Siemensstraße 32, 71254 Ditzingen
info@reclam.de
Gestaltung: Cornelia Feyll, Friedrich Forssman
Druck und Bindung: Elanders Waiblingen GmbH,
Anton-Schmidt-Straße 15, 71332 Waiblingen
Printed in Germany 2025
RECLAM, UNIVERSAL-BIBLIOTHEK und
RECLAMS UNIVERSAL-BIBLIOTHEK sind eingetragene Marken
der Philipp Reclam jun. GmbH & Co. KG, Stuttgart
ISBN 978-3-15-014356-8
reclam.de

Inhalt

Sehen Sie sich die folgenden wahren Begebenheiten an:

1. Anne Cameron, eine sehr begabte weiße kanadische Autorin, verfasst mehrere halb fiktionale Erzählungen über das Leben indigener kanadischer Frauen. Sie schreibt diese aus der Ich-Perspektive und nimmt eine indigene Identität an. Bei der International Feminist Book Fair in Montreal 1988 beschließt eine Gruppe indigener kanadischer Schriftstellerinnen, Cameron dazu aufzufordern – in deren Worten –, »Platz zu machen«, mit der Begründung, dass ihr Schreiben für indigene Autorinnen entmächtigend ist. Sie stimmt zu.[1]
2. Nachdem 1989 die Wahlen in Panama von Manuel Noriega gekippt werden, verkündet US-Präsident Bush in einer öffentlichen Ansprache, dass Noriegas Taten einen »unerhörten Betrug« darstellen und dass die »Stimme des panamaischen Volkes gesprochen hat«. »Das panamaische Volk«, lässt er uns wissen, »will eine Demokratie und keine Tyrannei haben und Noriega soll weg.« Er fährt damit fort, die Invasion Panamas zu planen.
3. Bei einem Symposium, das vor Kurzem an meiner Universität stattfand, wurde ein angesehener Theoretiker eingeladen, einen Vortrag über die politischen Probleme der Postmoderne zu halten. Wir im Publikum, darunter viele weiße Frauen und Menschen, die unterdrückten nationalen Minderheiten angehörten, erwarteten in gespannter Vorfreude seinen Beitrag zu dieser wichtigen Debatte. Zu unserer Enttäuschung begann er seinen Vortrag mit der Erklärung, dass er das zugewiesene Thema nicht abdecken könne, weil er nicht fühle, dass er als weißer Mann befähigt sei, für die feministischen und

postkolonialen Perspektiven, die die kritische Befragung der postmodernen Politik lanciert haben, zu sprechen. Er fuhr damit fort, einen Vortrag über Architektur zu halten.

Diese Beispiele demonstrieren einige gängige Praktiken und Diskussionen über das Für-andere-Sprechen [*speaking for others*] in unserer Gesellschaft. Als eine Form der diskursiven Praxis ist das Für-andere-Sprechen zunehmend in die Kritik geraten und wird von einigen Communitys abgelehnt. Es gibt eine starke, wenn auch umstrittene Strömung innerhalb der feministischen Bewegung, die meint, dass das Für-andere-Sprechen arrogant, eingebildet, unethisch und politisch unzulässig ist. Häufig findet man in feministischen Magazinen wie *Sojourner* Artikel und Briefe, in denen die Autorin erklärt, dass sie nur für sich selbst sprechen könne. In ihrem zentralen Artikel »Dyke Methods« legt Joyce Trebilcot eine philosophische Ausführung dieser Sicht vor. Sie erklärt ihren Verzicht auf die Praxis, für andere in der feministischen lesbischen Community zu sprechen, und argumentiert außerdem dafür, dass sie »nicht versuchen werde, andere Frauen dazu zu bringen, meine Überzeugung statt ihrer eigenen anzuerkennen«, da so ein Vorgehen der Ausübung eines diskursiven Zwangs oder sogar einer Gewalttat gleichkäme (S. 1).[2] In der Anthropologie wird ebenfalls viel darüber diskutiert, ob es möglich sei, in angemessener und gerechtfertigter Weise für andere zu sprechen. Trịnh T. Minh Hà erklärt die Gründe für die Skepsis, indem sie ausführt, dass Anthropologie »vor allem ein Gespräch von ›uns‹ mit ›uns‹ über ›sie‹ [ist], also ein Gespräch des weißen Menschen/Mannes mit dem weißen

Menschen/Mann über den primitiven-eingeborenen Menschen/Mann [...] in der ›sie‹ zum Schweigen gebracht worden sind. ›Sie‹ stehen immer auf der anderen Seite der Berge, nackt und sprachlos [...], ›sie‹ [sind] unter ›uns‹, den diskutierenden Subjekten, nur zugelassen, wenn ›sie‹ von einem von ›uns‹ begleitet oder eingeführt werden [...]« (S. 65, 67).[3] Vor dem Hintergrund dieser Analyse sind sogar Ethnographien, die von fortschrittlichen Anthropologen geschrieben wurden, aufgrund der strukturellen Beschaffenheit anthropologischer diskursiver Praxis *a priori* rückschrittlich.

Die Erkenntnis, dass im Für-andere-Sprechen ein Problem liegt, hat zwei Ursprünge. Erstens wird zunehmend anerkannt, dass die Bedeutung und die Wahrheit dessen, was jemand sagt, von der Position, aus der heraus jemand spricht, beeinflusst werden und dass man daher nicht annehmen kann, seine Position überschreiten oder transzendieren zu können. In anderen Worten hat die Verortung einer Sprecherin (bezogen hier auf deren *soziale* Position oder soziale Identität) einen erkenntnistheoretisch bedeutenden Einfluss auf die Behauptungen dieser Sprecherin und kann dazu dienen, deren Rede entweder zu autorisieren oder ihr die Autorität zu entziehen. Die akademischen Institute für Women‹s Studies und African-American Studies wurden aus ebendieser Überzeugung heraus gegründet. Dass sowohl die Studien zu als auch das Eintreten für die Unterdrückten prinzipiell von den Unterdrückten selbst gemacht werden müssen. Ebenso müssen wir endlich anerkennen, dass systematische Verschiedenheiten in der sozialen Position zwischen Sprecherinnen und denjenigen, für die gesprochen wird, bedeutende Auswirkungen auf den Inhalt des Gesagten haben werden. Die unausgesprochene Prämisse lautet schlicht und einfach, dass die Verortung einer Sprecherin erkenntnistheoretisch bedeutsam ist. Ich werde diese Frage im nächsten Abschnitt näher erkunden.

Der zweite Ursprung umfasst die Erkenntnis, dass die Verortungen nicht nur erkenntnistheoretisch bedeutsam, sondern bestimmte privilegierte Verortungen sogar diskursiv gefährlich sind.[4] Im Speziellen hat die Praxis privilegierter Personen, für oder im Interesse von weniger privilegierten Personen zu sprechen, eigentlich (in vielen Fällen) darin resultiert, dass die Unterdrückung der Gruppe, für die gesprochen wurde, zunahm oder verstärkt wurde. Dies war auch Teil des Arguments gegen das Sprechen für indigene kanadische Frauen durch Anne Cameron. Camerons Absichten wurden dabei nie infrage gestellt, doch wurde vorgebracht, dass die Auswirkungen ihres Schreibens kontraproduktiv für die Bedürfnisse der indigenen Frauen seien. Daher sieht sich die Arbeit von privilegierten Autoren und Autorinnen, die im Interesse der Unterdrückten sprechen, immer mehr mit einer Kritik von Angehörigen der unterdrückten Gruppen konfrontiert.[5]

Als Philosophinnen und Sozialtheoretiker sind wir dank unserer akademischen Stellung dazu autorisiert, Theorien zu entwickeln, die die Ideen, Bedürfnisse und Ziele von anderen ausdrücken und erfassen. Dennoch müssen wir beginnen, uns zu fragen, ob diese Autorisierung legitim ist. Ist die Praxis, für andere zu sprechen, jemals eine zulässige Praxis, und falls dem so ist: Was sind die Kriterien für ihre Gültigkeit? Ist es jemals zulässig, für andere zu sprechen, insbesondere dann, wenn sie anders oder weniger privilegiert sind als ich?

Wir könnten versuchen, das Problem so einzugrenzen, dass es nur aufscheint, sobald eine privilegiertere Person für eine weniger privilegierte Person spricht. In diesem Fall könnten wir sagen, dass ich nur für Gruppen sprechen sollte, denen ich selbst angehöre. Doch sagt uns das nichts darüber, wie Gruppen selbst gegeneinander abgegrenzt werden sollten. Kann zum Beispiel eine weiße Frau für alle Frauen sprechen, nur weil sie eine Frau ist? Falls nicht: Wie eng sollen wir die Kategorien dann ziehen? Ich bin eine panamaische Amerikanerin und eine Person mit gemischter Ethnizität und *race*: halb weiß / Angla und halb panamaische Mestiza. Das Kriterium der Gruppenidentität wirft viele offene Fragen für eine Person wie mich auf, da ich mehreren einander entgegenstehenden Gruppen angehöre, wobei meine Zugehörigkeit zu allen jeweils problematisch ist. Auf welcher Grundlage können wir eine Entscheidung, Gruppen voneinander abzugrenzen und Zugehörigkeit auf eine bestimmte Weise zu definieren, rechtfertigen? Es kann keine einfache Lösung für dieses Problem dadurch gefunden werden, dass man die Praxis des Für-andere-Sprechens einfach darauf reduziert, nur für Gruppen zu sprechen, zu denen jeweils bereits Zugehörigkeit besteht.

Der Standpunkt, nur für sich selbst zu sprechen, wirft ähnlich problematische Fragen auf. Wir könnten uns etwa fragen, ob ich meine politische Verantwortung aufgebe, mich gegen Unterdrückung auszusprechen, indem ich nicht für diejenigen spreche, die weniger privilegiert sind als ich selbst – eine Verantwortung, die mir genau durch die Tatsache meines Privilegs zukommt. Sollte ich mich dann, wenn ich nicht für andere spreche, lieber darauf beschränken, deren Führung unkritisch zu folgen? Besteht mein größter

Beitrag darin, *Platz zu machen und aus dem Weg zu gehen*? Und falls dem so ist: Worin bestünde der beste Weg, das zu tun: darin, zu schweigen, oder darin, meinen eigenen Diskurs zu dekonstruieren?

Die Antworten auf diese Fragen werden sicherlich, je nachdem, wer fragt, stark voneinander abweichen. Während einige von uns etwa weiterhin die Praxis der US-Regierung, für die »freie Welt« zu sprechen – eine ideologische Konstruktion, die eine große Zahl an Dritte-Welt-Nationen repräsentiert –, untergraben wollen, wollen wir wahrscheinlich *nicht* die Befähigung von jemandem wie Rigoberta Menchú untergraben, für guatemaltekische Indianer[6] zu sprechen. Es stellt sich also die Frage, ob jede Situation, in der für andere gesprochen wird, zu verurteilen, oder, falls dies nicht der Fall sein sollte, wo eine Grenze zu ziehen ist.

Um diese Fragen beantworten zu können, müssen wir uns über die epistemologischen und fundamentalen strukturierenden [metaphysical] Kategorien der Wirklichkeit klarer werden, die Teil unserer Rede vom Problem des Für-andere-Sprechens sind. Diese Belange bleiben zumeist indirekt eingeschlossen. Ich werde den Versuch unternehmen, diese Belange deutlich zu machen, um dann einige der möglichen Antworten auf die Problemstellung zu diskutieren, bevor ich mich meiner eigenen vorläufigen, im Prozess befindlichen Antwort annähere. Doch muss ich zuerst noch weitergehender erklären, wie ich den Rahmen des Problems definiere.

In den oben angeführten Beispielen mag es so scheinen, als ob eine Gleichsetzung zwischen der Angelegenheit, für andere zu sprechen, und der Angelegenheit, über andere zu sprechen, bestünde. Diese Vermengung war von mir beabsichtigt. Es besteht eine Mehrdeutigkeit in den beiden Sätzen: Wenn jemand für andere spricht, dann beschreibt diese Person möglicherweise deren Situation und spricht daher über sie. Tatsächlich ist es vielleicht sogar unmöglich, für andere zu sprechen, ohne zugleich Informationen über sie weiterzugeben. Ähnlich kann jemand, wenn er über andere spricht oder einfach versucht, ihre Situation oder einen Aspekt von dieser Situation zu beschreiben, an ihrer Stelle sprechen, das heißt, für sie sprechen. Jemand kann als Vertreterin oder Botschafterin über andere sprechen, wenn diese Personen nicht für sich selbst sprechen können. Wenn die Praxis, für andere zu sprechen, problematisch ist, dann muss dies auch für die Praxis, über andere zu sprechen, gelten, da es sich schwierig gestaltet, in allen Fällen zwischen dem Für-Sprechen und dem Sprechen-über [*speaking about*] zu unterscheiden.[7] Wenn wir außerdem die oben vorausgesetzte Prämisse akzeptieren, dass die Position einer Sprecherin eine erkenntnistheoretisch bedeutsame Auswirkung auf deren Behauptung hat, dann lassen sowohl das Für-andere-Sprechen als auch das Sprechen-über-andere ähnliche Probleme aufscheinen. Ich werde in diesem Aufsatz versuchen, mich in meinen Ausführungen auf das Für-andere-Sprechen zu konzentrieren, jedoch wird es unmöglich sein, eine klare Abgrenzung zu der Praxis, über andere zu sprechen, zu halten.

Wenn »Sprechen über« hier ebenfalls einbezogen ist, dann muss auch das gesamte Gebäude der »Krise der Repräsentation« einbezogen werden. Sowohl im Für-Sprechen als auch im Sprechen-über-andere lasse ich mich auf einen Akt der Repräsentation der anderen ein: ihrer Bedürfnisse, Ziele, Situation und tatsächlich auch die Repräsentation dessen, *wer sie sind.* Ich repräsentiere sie *als* diese und jene oder beteilige mich, mit poststrukturalistischer Begrifflichkeit gesprochen, an der Konstruktion ihrer Subjektposition. Dieser Akt der Repräsentation kann nicht als in einem Akt der Entdeckung gegründet verstanden werden, in dem ich ihr wahres Selbst entdecke und dann meine Entdeckung einordne. Ich werde die Annahme voraussetzen, dass solche Repräsentationen immer vermittelt und das Produkt von Interpretation sind (was mit der Behauptung verbunden ist, dass die Position einer Sprecherin erkenntnistheoretisch bedeutsam ist). Genau wegen des vermittelten Charakters von Repräsentationen weisen einige Personen die Legitimität des Für-andere-Sprechens sowohl aus politischen als auch aus erkenntnistheoretischen Gründen zurück.

Und sobald wir das Ganze als ein Problem der Repräsentation darstellen, sehen wir, dass nicht nur das Für-Sprechen und das Sprechen-über, sondern auch Praktiken des Für-andere-Sprechens und des Sprechens für mich selbst analytisch nahe beieinander liegen. Denn im Sprechen über mich selbst repräsentiere ich mich auf eine bestimmte Art und Weise, als eine bestimmte Subjektposition einnehmend, die bestimmte Eigenschaften hat usw. Im Sprechen für mich selbst erschaffe ich (momenthaft) mein Selbst – ähnlich wie ich im Für-andere-Sprechen deren Selbst erschaffe – in dem Sinn, dass ich ein öffentliches, diskursives Selbst entwerfe, das in den meisten Fällen auf das Selbst wirkt, das als Inneres erfahren wird. Selbst wenn jemand nie von dem diskursiven Selbst hören sollte, das ich von ihnen vorstelle, könnten sie von den Entscheidungen anderer, nachdem diese meine Repräsentation gehört haben, betroffen werden. Der springende Punkt besteht darin, dass in allen Fällen, in denen ich für jemanden spreche, eine Art von Repräsentation stattfindet, und zwar unabhängig davon, ob ich nun für mich oder für andere spreche, dass diese Repräsentation niemals ein einfacher Akt der Entdeckung ist und dass sie höchstwahrscheinlich Einfluss auf das Individuum hat, das so repräsentiert wird.

Obwohl damit offensichtlich die Sache des Für-andere-Sprechens mit dem Bereich der Repräsentation allgemein verbunden ist, betrachte ich Ersteres als sehr spezifische Untergruppe des Letzteren. Ich bin skeptisch, ob allgemeine Theorien der Repräsentation die Komplexität und Spezifität des Problems des Für-andere-Sprechens angemessen erfassen können.

Eine weitere Bedeutung von Repräsentation scheint hier auch wesentlich zu sein, nämlich die politische Repräsentation, wie zum Beispiel im Fall von Wahlen. Gewählten Repräsentantinnen kommt eine besondere Form der Berechtigung zu, für ihre Wähler zu sprechen, und man könnte sich fragen, ob eine solche Berechtigung die Probleme, die mit dem Für-andere-Sprechen verbunden sind, auflöst und deshalb vielleicht als Modell zur Lösung des Problems dienen sollte. Ich würde sowohl Ja als auch Nein antworten. Gewählte Repräsentanten haben eine gewisse Berechtigung, für andere zu sprechen, und wir können diese sogar so weit erweitern, dass sie weniger formelle Situationen umfasst, in denen jemand von der Person (bzw. den Personen), für die gesprochen wird, autorisiert wird, in ihrem Namen zu sprechen. Es gibt viele Beispiele solcher Autorisierung, wie etwa, als ich meinen Partner darum bat, in meinem Namen im Kreißsaal, oder als eine meiner Studentinnen mir die Befugnis erteilte, in ihrem Namen mit der Rektorin oder dem Rektor zu sprechen. Dennoch macht die Einholung einer solchen Autorisierung nicht alle Probleme, die das Für-andere-Sprechen begleiten, null und nichtig. Nach wie vor werden die Situation sowie die Bedürfnisse der anderen interpretiert (es sei denn, jemand liest vielleicht einfach nur einen von ihnen bereitgestellten Text), und auf diese Weise wird weiterhin ein Selbst für sie in der Gegenwart anderer erschaffen. Außerdem ist die Macht, eine solche Berechtigung zu übertragen und über die ernannte Repräsentantin zu bestimmen, selten in jenen Momenten gegeben, in denen für jemanden gesprochen wird. Intellektuelle Arbeit wurde sicherlich nicht von der Weisung geleitet, die Erlaubnis derer einzuholen, für und über die gesprochen wird. Man könnte sagen, dass die meisten politischen Repräsentanten strenggenommen auch nicht von dem Bedürfnis geleitet wurden, eine solche Berechtigung einzuholen. Hier geht es darum, dass das Modell der politischen Repräsentation nicht für alle Fälle herhalten kann, in denen für andere gesprochen wird, und zwar selbst dann nicht, wenn es sich für den Versuch, Lösungen für das Problem zu finden, als aufschlussreich erweisen sollte.

Schließlich könnte die Art und Weise, wie ich dieses Problem formuliert habe, möglicherweise nahelegen, dass das Ganze Sache des Individuums ist und dieses eine individuelle Entscheidung bezüglich seiner eigenen diskursiven Praktiken treffen muss (und kann). Das ist nicht das, worauf ich hinaus möchte. Bei diesem Problem handelt es sich um ein soziales Problem. Die Möglichkeiten, die uns zur Verfügung stehen, sind sozial konstruiert, und unsere Praktiken können nicht einfach als die Ergebnisse individueller Entscheidungen verstanden werden. Daher wird das Problem nicht dadurch gelöst, dass »ich« einfach durch »wir« ersetzt wird, da das »wir« ein Produkt vermittelnder Kräfte und in gewissem Sinne ebenfalls ein fiktives Konstrukt ist. Doch würde man sowohl das »ich« als auch das »wir« durch eine passive Stimme ersetzen, die die Handlungsmacht ausradiert, würde dies zu einer Auslöschung der Verantwortung und Rechenschaftspflicht gegenüber dem eigenen Sprechen führen – eine Auslöschung, gegen die ich energisch argumentieren würde (es wird ohnehin bereits viel zu wenig Verantwortung in der westlichen Praxis übernommen!). Außerdem würde ich dafür argumentieren, dass wir uns dann, wenn wir uns hinsetzen, um zu schreiben, oder aufstehen, um zu sprechen, selbst als Entscheidungen treffend erfahren. Vielleicht erleben wir ein Zögern aus Angst, kritisiert zu werden, oder aus Angst, ein Problem, zu dessen Lösung wir beitragen wollen, nur noch zu verschlimmern. Oder wir erleben eine Entschlossenheit, trotz Hindernissen zu sprechen. Doch in vielen Fällen erleben wir, dass wir die Möglichkeit haben, zu sprechen oder eben nicht zu sprechen. Einerseits würde eine Theorie, die diese Erfahrung als autonome Entscheidungen erklärt, falsch und ideologisch sein. Doch andererseits würden wir eine Realität unseres auf Erfahrung beruhenden Lebens verleugnen,[8] wenn wir den Akt der Entscheidung sowie die Erfahrung von individuellem Zweifel nicht anerkennen würden. Also habe ich beschlossen, trotz dieser Unzulänglichkeiten in diesem Aufsatz das »ich« (und an manchen Stellen das »wir«) zu verwenden, um so diese Reihe von Problemen auszudrücken.

Die Möglichkeit des Für-andere-Sprechens birgt entscheidend die Möglichkeit politischer Wirksamkeit in sich. Sowohl kollektive Handlung als auch Koalitionen scheinen die Möglichkeit des Für-Sprechens vorauszusetzen. Trotzdem charakterisierte Gilles Deleuze als »absolut fundamental: die Erniedrigung des Für-andere-Sprechens« (Deleuze/Foucault 1977, S. 209), Trebilcot lehnt den Akt des Für-andere-Sprechens für sich selbst ab, und die Gefahr, die vom Für-andere-Sprechen ausgeht, lässt viele Menschen dessen Gültigkeit hinterfragen. Ich möchte untersuchen, was auf dem Spiel steht, wenn dies als diskursive Praxis abgelehnt oder befürwortet würde. Doch zuerst müssen wir die epistemologischen und metaphysischen Ansprüche klarer herausstellen, die in der Formulierung des Problems eingeschlossen sind.

I

Eine Fülle an Quellen argumentiert dafür, dass in diesem Jahrhundert die Neutralität des Theoretikers nicht mehr, nie wieder, für keinen Moment aufrechterhalten werden kann. Kritische Theorie, Empowerment-Diskurse, Psychoanalyse, Poststrukturalismus, feministische und antikolonialistische Theorien stimmten alle in diesem einen Punkt überein. Wer zu wem spricht, erweist sich als genauso wichtig für Bedeutung und Wahrheitsgehalt wie das, was gesagt wird. Tatsächlich zeigt sich, dass sich das Gesagte je nachdem ändert, wer spricht und wer zuhört. In Anlehnung an Foucault werde ich dies »Sprachrituale« nennen, um auf diese Weise diskursive Praktiken des Sprechens oder Schreibens zu bezeichnen, die nicht nur Text oder Äußerung, sondern auch ihre Position innerhalb eines sozialen Raumes einschließlich der Personen einbeziehen, die an den Worten beteiligt sind, auf sie einwirken und/oder von ihnen betroffen sind. Zwei Elemente innerhalb dieser Rituale verdienen unsere besondere Aufmerksamkeit: die Positionalität oder die Verortung der sprechenden Person sowie der diskursive Kontext. Unter Letzterem können wir die Verbindungen und Verflechtungen zwischen der Äußerung beziehungsweise dem Text und anderen Äußerungen und Texten sowie den materiellen Praktiken in der jeweiligen Umgebung verstehen, die ihrerseits nicht mit einer Umgebung verwechselt werden sollte, die räumlich an das jeweilige diskursive Ereignis angrenzt.

Sprachrituale sind für die Bedeutung konstitutiv, und zwar sowohl für die Bedeutung der gesprochenen Worte als auch für die Bedeutung des Ereignisses. Diese Behauptung verlangt, dass wir die Ontologie der Bedeutung von ihrer Verortung in einem Text oder einer Äußerung hin zu einem größeren Raum verlagern, einem Raum, der sowohl den Text oder die Äußerung als auch den diskursiven Kontext miteinschließt. Eine wichtige Konsequenz dieser These besteht darin, dass die Bedeutung als plural und veränderlich verstanden werden muss, da ein einziger Text aufgrund verschiedener Kontexte verschiedene Bedeutungen erzeugen kann. Nicht nur das, was betont, bemerkt oder begriffen wird, ist durch die Verortung sowohl der Sprecherin als auch der Hörerin betroffen, sondern betroffen werden auch der Wahrheitswert oder der epistemische Status.

In vielen Situationen, in denen beispielsweise eine Frau spricht, begegnet man ihr mit Voreingenommenheit. Wenn hingegen ein Mann spricht, dann wird er meistens ernst genommen (es sei denn, er spricht auf »eine dumme Art«, wie Andy Warhol Bruce Springsteen vorwarf, solches zu tun, oder, in anderen Worten, falls er aus einer unterdrückten Gruppe stammt). Als Schriftsteller und Schriftstellerinnen unterdrückter *races* und Nationen darauf beharrten, dass jedes Schreiben politisch ist, wurde diese Behauptung als töricht oder in *Ressentiment* gründend abgetan oder schlicht und einfach ignoriert. Wenn angesehene europäische Philosophen erklären, dass jedes Schreiben politisch ist, dann wird es als neue und originäre »Wahrheit« aufgenommen. (Judith Wilson nennt dies »das intellektuelle Äquivalent des ›Cover-Albums‹«.)[9] Die Sprachrituale, die den Ort des Sprechers und der Zuhörenden miteinschließen, beeinflussen, ob eine Behauptung als wahres, gut begründetes, überzeugendes Argument bzw. als bedeutende Idee angenommen wird. Wie etwas gehört wird, hängt daher davon ab, wer es sagt, und wer es sagt, wird Einfluss auf den Stil und die Sprache haben, in der es gesagt wird, was wiederum die wahrgenommene Bedeutung (für bestimmte Hörer) beeinflusst. Der diskursive Stil, in dem einige europäische Poststrukturalisten die Behauptung aufgestellt haben, dass jedes Schreiben politisch ist, markiert sie für ein bestimmtes (mächtiges) Milieu als wichtig und als wahrscheinlich wahr, während der Stil, in dem afroamerikanische Schriftsteller und Schriftstellerinnen dieselbe Behauptung aufstellten, ihre Rede in den Augen desselben Milieus als unzulässig kennzeichnet.

Dieser Punkt könnte von denjenigen eingestanden werden, die die politische Formbarkeit der *Interpretation* zugeben, während sie weiterhin darauf beharren könnten, dass *Wahrheit* etwas völlig anderes ist. Und sie lägen richtig damit, dass die Auswirkung der Verortung auf die Bedeutung und selbst darauf, ob etwas innerhalb eines bestimmten diskursiven Kontexts für wahr gehalten wird, nicht miteinschließt, dass die »tatsächliche« Wahrheit der Behauptung von ihrem Kontext abhängig ist. Dieser Einwand setzt eine bestimmte Konzeption von Wahrheit voraus, eine Konzeption, bei der die Wahrheit einer Aussage von ihrer Interpretation und ihrer Anerkennung unterschieden werden kann. Dieses Konzept von Wahrheit würde Wahrheit per definitionem unabhängig von der verkörperten [*embodied*] und perspektivischen Verortung der Sprecherin oder der Zuhörerin machen (es sei denn in dem trivialen Fall einer indexikalischen Aussage eines Sprechers, wie etwa: »Ich setze mich jetzt hin.«).

Daher berührt die Frage, ob Verortung lediglich beeinflusst, was als wahr angenommen wird, oder auch das, was wirklich wahr ist, oder aber, ob eine derartige Unterscheidung überhaupt aufrechterhalten werden kann, das schwierige Problem der Bedeutung von Wahrheit. In der Geschichte der westlichen Philosophie begegnen uns viele miteinander konkurrierende Definitionen und Ontologien von Wahrheit: Korrespondenztheorien, idealistische Theorien, pragmatistische Theorien, Kohärenztheorien und Konsenstheorien. Die vorherrschende Sicht besagt, dass Wahrheit eine Beziehung der Übereinstimmung [*correspondence*] zwischen einer Aussage und einer außerdiskursiven Realität repräsentiert. Entsprechend dieser Sichtweise geht es bei Wahrheit um einen Bereich, der völlig unabhängig von menschlichem Handeln ist. Sie drückt Dinge aus, ›wie sie an sich selbst sind‹, also frei von menschlicher Interpretation.

Wohl seit Kant, und noch offenkundiger seit Hegel, wurde es weitgehend akzeptiert, dass ein Verständnis von Wahrheit, das frei von menschlicher Interpretation sein soll, unweigerlich zu Skeptizismus führt, da es Wahrheit per definitionem unzugänglich macht. Dies gab den Anstoß dafür, die Ontologie der Wahrheit – oder ihren eigentlichen Ort bzw. Locus – neu von einem Ort außerhalb zu einem Ort innerhalb menschlicher Interpretation zu verlagern. Hegel verstand Wahrheit zum Beispiel als eine »Identität in der Differenz« zwischen subjektiven und objektiven Elementen. In den vielfältigen Auffassungen, die an Hegel anschließen, werden daher sogenannte subjektive Elemente oder die geschichtlich spezifischen Umstände, unter denen menschliches Wissen entsteht, nicht mehr als irrelevant oder gar als Hindernisse auf dem Weg zur Wahrheit gesehen.

So wird etwa entsprechend der Kohärenztheorie von Wahrheit, wie sie von Rorty, Donald Davidson, Quine, Gadamer und Foucault vertreten wird, Wahrheit als eine emergente Eigenschaft von etwas definiert, das wesentlich eine diskursive Situation ist, in der eine bestimmte Form der Integration zwischen den verschiedenen Elementen vorkommt. Solch eine Sichtweise hat keine zwingende Beziehung zum Idealismus. In Bezug auf das Thema dieses Aufsatzes könnte von der sozialen Position der Sprecherin gesagt werden, dass diese Position sich auf die Wahrheit auswirkt, sofern sie sich auf die gesamte Bedeutung jedes Sprechaktes auswirkt. Diese Behauptung wird im weiteren Verlauf der Arbeit noch weiter untermauert werden.

Lassen Sie mich zur Formulierung des Problems des Für-andere-Sprechens zurückkehren. Zwei Prämissen sind in der Formulierung des Problems beinhaltet, deren Herausarbeitung unser Verständnis der mit ihnen verbundenen Fragestellungen voranbringen sollte.

> Prämisse 1: Das »Sprachritual« (im obigen Sinne), in dem eine Aussage verortet wird, wirkt sich immer auf die Bedeutung und Wahrheit aus, so dass es unmöglich ist, die Positionalität, die Verortung oder den Kontext als irrelevant für den Inhalt zu erklären.

Die Formulierung »wirkt sich aus« soll hier auf einen veränderlichen Einfluss ohne Festlegung und Fixierung verweisen.

Eine wichtige Implikation dieser ersten Prämisse besagt, dass wir nicht mehr einfach die Gültigkeit eines gegebenen Falls des Für-andere-Sprechens dadurch bestimmen können, dass wir fragen, ob die Sprecherin ausreichend nachgeforscht hat oder nicht, um ihre Behauptung zu begründen. Angemessene Nachforschung wird eine notwendige, jedoch keine hinreichende Bedingung der Bewertung sein.

Betrachten wir nun die zweite Prämisse.

> Prämisse 2: Bestimmte Kontexte und Verortungen sind mit Strukturen der Unterdrückung verbunden, während bestimmte andere mit dem Widerstand gegen Unterdrückung verbunden sind. Deshalb sind nicht alle Kontexte und Verortungen politisch gleich, und da Politik mit Wahrheit zusammenhängt, sind nicht alle epistemisch gleich.

Die These, dass »Politik mit Wahrheit zusammenhängt«, folgt notwendig aus Prämisse 1. Sprachrituale werden durch Machtbeziehungen der Herrschaft, Ausbeutung und Unterwerfung politisch konstituiert. Wer spricht, über wen gesprochen wird und wer zuhört, ist sowohl ein Ergebnis als auch ein Akt politischen Kampfes. Einfach ausgedrückt: Der diskursive Kontext ist ein politischer Schauplatz. In dem Umfang, in dem sich dieser Kontext auf die Bedeutung auswirkt und die Bedeutung in einem gewissen Sinn das Objekt der Wahrheit ist, können wir keine epistemische Bewertung der Behauptung durchführen, ohne zugleich auch die politische Dimension der Situation zu bewerten.

Entsprechend der ersten Prämisse können wir, obwohl wir keine neutrale Stimme beibehalten können, alle das Recht und die Legitimierung einfordern, zu sprechen. Aus sowohl politischen als auch erkenntnistheoretischen Gründen ent-autorisiert die zweite Prämisse jedoch manche Stimmen.

Die Verbindung von Prämisse 1 und 2 legt nahe, dass die Sprecherin einen Teil ihrer Kontrolle über die Bedeutung und die Wahrheit ihrer Äußerung verliert. Insofern der Kontext der Zuhörenden teilweise bestimmend ist, ist die Sprecherin nicht mehr Herrin über die Situation. Die Sprecherinnen versuchen hier möglicherweise die Kontrolle zurückzugewinnen, indem sie den Kontext ihrer Rede berücksichtigen, doch können sie niemals alles über diesen Kontext wissen. Mit schriftlicher und elektronischer Kommunikation wird es zunehmend schwieriger, überhaupt irgendetwas über den Kontext der Rezeption zu wissen.

Dieser Kontrollverlust kann von manchen Sprecherinnen vielleicht so verstanden werden, dass keine Sprecherin für ihre Diskurshandlungen verantwortlich gemacht werden kann. Doch aus einem *teilweisen* Kontrollverlust folgt noch lange kein *vollständiger* Verlust der Pflicht, Rechenschaft zu geben. Offensichtlich verweist die Problematik des Für-Sprechens in ihrem Kern auf die Frage nach Rechenschaft und Verantwortung. Die Anerkennung des Problems des Für-andere-Sprechens kann nicht darin münden, die Rechenschaftspflicht eines Sprechers abzuschaffen.

Im nächsten Abschnitt werde ich einige mögliche Antworten auf das Problem des Für-Sprechens untersuchen.

II

Die erste Entgegnung, die ich untersuchen werde, besteht darin, dafür zu argumentieren, dass die Formulierung des Problems des Für-andere-Sprechens einen rückschrittlichen, metaphysisch nicht haltbaren Essentialismus einschließt, der annimmt, dass man die Wahrheit und die Bedeutung dessen, *was* gesagt wird, direkt aus dem diskursiven Kontext ablesen kann. Ich werde diese Entgegnung die »Vorwurf des Reduktionismus«-Antwort nennen, weil sie dafür argumentiert, dass aus den Prämissen 1 und 2 eine Art reduktionistische Theorie der Rechtfertigung (oder der Bewertung) folgt. Eine solche reduktionistische Theorie könnte zum Beispiel die Bewertung auf eine politische Einschätzung der Sprecherposition reduzieren, wobei die Position als eine unüberwindbare Wesenheit [*essence*] gesehen würde, die jemanden dermaßen festlegt, als würden seine Füße mit Superkleber an einem Punkt des Gehsteigs festkleben.

Nachdem ich Barbara Christians Aufsatz »The Race for Theory« vehement verteidigt hatte, sah ein männlicher Freund, der das Werk anders bewertete, sich veranlasst zu hinterfragen, ob meine Reaktion nicht auf einer bestimmten Form von Verteidigung beruhe, die dadurch motiviert sei, afroamerikanisches Schreiben unter allen Umständen aufzuwerten. Seine Frage brachte die Angelegenheit der reduktionistischen bzw. essentialistischen Theorie der Rechtfertigung auf, die ich soeben beschrieben habe.

Auch ich würde reduktionistische Theorien der Rechtfertigung sowie essentialistische Ansätze in Bezug darauf, was es heißt, verortet zu sein, ablehnen. Es ist nicht dasselbe zu behaupten, dass die Verortung sich auf die Bedeutung und die Wahrheit *auswirkt*, wie dass die Verortung die Bedeutung und die Wahrheit *festlegt*. Außerdem ist die Verortung keine ein für alle Mal festgelegte Wesenheit, durch die die Rede einer Person absolute Autorität bekommt in derselben Art und Weise, in der die Gunst Gottes der Rede von Moses absolute Autorität verlieh. Verortung und Positionalität sollten nicht als eindimensional oder statisch begriffen werden, sondern vielmehr als viele variierende Grade von Beweglichkeit.[10] Was es also bedeutet, aus einer Gruppe heraus oder innerhalb einer Gruppe und/oder einer Position zu sprechen, ist unglaublich kompliziert. In dem Maße, dass die Position keine festgelegte Wesenheit ist, und in dem Maße, in dem eine unsichere, unzureichend bestimmte und umstrittene Beziehung zwischen der Verortung einerseits und der Bedeutung und Wahrheit andererseits besteht, können wir die Bewertung von Bedeutung und Wahrheit nicht einfach auf eine Identifizierung der Verortung der Sprecherin reduzieren.

Weder aus Prämisse 1 noch aus Prämisse 2 folgt Reduktionismus oder Essentialismus. Beide argumentieren für die Relevanz der Verortung, nicht aber für deren eigentümliche determinierende Kraft. Da sich beide nicht darauf festlegen, wie wir den Begriff der Verortung verstehen sollen, kann ihr durchaus ein nichtessentialistischer Sinn gegeben werden.

Während die »Vorwurf des Reduktionismus« Antwort unter akademischen Theoretikern einige Beliebtheit genoss, fand sich eine zweite Entgegnung, die ich die »Rückzug«-Antwort nennen werde, in einigen Teilen der amerikanischen feministischen Bewegung verbreitet. Diese Antwort besteht einfach darin, sich von allen Praktiken des Für-Sprechens zurückzuziehen und zu beteuern, dass man nur seine eigenen eng gefassten individuellen Erfahrungen sowie die »eigene Wahrheit« kennen und niemals darüber hinaus Behauptungen aufstellen könne. Diese Antwort wird unter anderem durch den Wunsch motiviert, Unterschiede, wie beispielsweise verschiedene Prioritäten, anzuerkennen, ohne diese Unterschiede in Hierarchien zu ordnen.

Manchmal denke ich, dass das die richtige Antwort auf das Problem des Für-andere-Sprechens ist, je nachdem, wer sie gibt. Wir wollen sicherlich ein empfänglicheres Zuhören aufseiten der diskursiv Privilegierten ermutigen und überhebliche und unterdrückerische Praktiken des Für-Sprechens entmutigen. Allerdings wird ein Rückzug vom Sprechen nicht in allen Fällen zu einer Zunahme des empfänglichen Zuhörens führen. Es könnte einfach zu einem Rückzug in einen narzisstischen Yuppie-Lebensstil führen, in dem eine privilegierte Person keinerlei Verantwortung mehr für ihre Gesellschaft übernimmt. Sie könnte sich sogar noch darin gerechtfertigt fühlen, ihre privilegierten Möglichkeiten zu persönlichem Glück auf Kosten anderer mit der Begründung auszunutzen, dass sie ja gar keine Alternative habe.

Die Wahl der Rückzug-Antwort ist jedoch nicht immer ein verschleierter Vorwand dafür, politischer Arbeit aus dem Weg zu gehen und den eigenen Begehren zu frönen. Manchmal ist sie das Ergebnis eines Wunsches, sich an politischer Arbeit zu beteiligen, ohne sich an dem zu beteiligen, was »diskursiver Imperialismus« genannt werden könnte.

Das Hauptproblem eines solchen Rückzugs besteht darin, dass er maßgeblich die Möglichkeit politischer Wirksamkeit untergräbt. Es gibt zahlreiche Beispiele für die Praxis des Für-Sprechens, in denen die Bedürfnisse derjenigen, für die gesprochen wurde, politisch wirkungsvoll gefördert wurden, doch ist für mich das Beispiel von Menchú besonders lehrreich. Menchú ist Quiché-Indianerin, geboren und aufgewachsen in Guatemala. (Ich verwende hier den Begriff »Indianerin«, um Rigoberta Menchús eigener Begriffswahl zu folgen.) Ihre Familie erfuhr eine extreme Ausbeutung durch die Landbesitzer und die Regierung, von der beinahe alle guatemaltekischen Indigenen betroffen waren – ein Leben, in dem bis zum Zeitpunkt dieses Schreibens Tod durch Mangelernährung und Vergiftung durch Insektizide weitverbreitete Realität sind. (Und diese sind als eine direkte Folge der Zwangsarbeit auf großen Farmen entstanden, nicht aufgrund ihres traditionellen landwirtschaftlichen Lebensstils.) Ihr Vater und ihre Mutter wurden zu Aktivisten in der Widerstandsbewegung gegen die Landbesitzer und, wie Tausende andere, vom Militär brutal gefoltert und ermordet, so auch ihr Bruder. Menchú beschloss, Spanisch zu lernen, in andere Länder zu reisen, um den Menschen von den Massakern zu berichten und auf diese Weise zu versuchen, den Genozid zu beenden.

Ihre Autobiographie beginnt Menchú mit der Äußerung, dass ihre Geschichte »nicht nur *mein* Leben ist, sondern auch das Zeugnis […] aller armen Guatemalteken. Meine persönliche Erfahrung ist die Realität eines ganzen Volkes« (S. 1). Sie unterstreicht daher das ganze Buch hindurch, dass sie nicht nur für ihre Familie und ihre Community der Quiché-Indianer spricht, sondern ebenso für alle 33 anderen indigenen Gemeinschaften Guatemalas, die jeweils unterschiedliche Sprachen sprechen und andere Bräuche und Glaubenssätze haben als die Quiché. Sie beschreibt deren

Situation mit Nachdruck und Eloquenz und weist entschieden jegliche Sicht einer »Hierarchie der Zivilisationen« zurück, die ihre landwirtschaftliche Lebensweise als minderwertig und deshalb als verantwortlich für ihre eigene Zerstörung erklären wollte. Als eine Repräsentantin der Vierten Welt bietet sie eine lebendige Kritik an der Praxis des Genozids, unter der diese Menschengruppen immer noch zu leiden haben.[11]

Menchús Worte haben geholfen, die Situation in Guatemala öffentlich zu machen, Geld für die Revolution aufzubringen und Druck auf die guatemaltekische und die amerikanische Regierung auszuüben, die in geheimer Absprache gemeinsam die Massaker verübten. Der springende Punkt dieses Beispiels besteht nicht darin, dafür zu argumentieren, dass es für Menchú unproblematisch ist, für andere zu sprechen. Sie selbst ist sich der Gefahren sehr bewusst und gibt aufschlussreich wieder, wie dieses Problem in der Widerstandsbewegung der Indigenen angegangen wurde. Versuche wurden unternommen, jeder Widerstandsaktivistin und jedem Widerstandsaktivisten beizubringen, alle notwendigen Aktivitäten auszuführen: also Fallen zu bauen gegen die Soldaten, den Umgang mit einem Gewehr zu erlernen oder in die Stadt zu gehen, um Hilfe zu holen. Dabei wurde auf Strukturen der umfassenden Ausbildung im Gegensatz zu Spezialisierungen Wert gelegt, um die Verwundbarkeit der Bewegung auf den Tod oder den Verrat bestimmter einzelner Individuen zu minimieren. Aus diesem Grund zog Menchú in die Stadt und wurde Haushaltsbedienstete, um Spanisch zu lernen: damit die Quiché nicht länger auf andere angewiesen waren, die ihre Situation repräsentierten. (In vielen Fällen wurden Übersetzer von der

Regierung oder den Landbesitzern bezahlt, um die Worte der Quiché absichtlich falsch zu übersetzen.) Sie erzählt auch mit ironischem Humor von einer Gruppe fortschrittlicher Europäer und Europäerinnen, die nach Guatemala kamen und ihrem Dorf durch neuartige Agrarprodukte helfen wollten. Das Dorf war nicht daran interessiert: Die Einschätzung der Europäerinnen, was gebraucht wurde, war völlig unangemessen. Menchú und ihre Familie unterhielten weiterhin ein freundliches Verhältnis zu den Europäern, während sie sich gleichzeitig beharrlich deren Interpretation der Bedürfnisse des Dorfes widersetzten.

Daher kann Menchú nicht als »naive« Sprecherin konstruiert werden, die sich der Gefahren und Schwierigkeiten des Für-andere-Sprechens nicht bewusst gewesen sei. Sie und ihre Compañeros sind sich der Gefahren sehr wohl bewusst, da sie oft genug die unglücklichen Empfängerinnen böswilliger oder gut gemeinter, jedoch starrköpfiger Versuche anderer waren, für sie zu sprechen. Doch anstatt sich vom Für-andere-Sprechen zurückzuziehen, ersannen Menchú und ihre Compañeros Wege, um die Gefahren abzuschwächen. Und trotz der erheblichen und komplexen Unterschiede zwischen den vielen indigenen Gruppen in Guatemala schreckte sie nicht vor der Möglichkeit zurück, im Interesse aller zu sprechen.

Trebilcots Version der Rückzug-Antwort sollte gesondert betrachtet werden, weil sie zustimmt, dass ein absolutes Verbot des Für-Sprechens die politische Wirksamkeit schwächen würde. Sie wendet ihr Verbot gegen die Praxis nur innerhalb einer lesbisch-feministischen Community an. Es könnte somit behauptet werden, dass der Rückzug vom Für-andere-Sprechen beibehalten werden kann, ohne die politische Wirksamkeit zu opfern, solange der Rückzug auf bestimmte diskursive Räume beschränkt wird. Weshalb sollte jemand für einen derartigen Rückzug plädieren? Trebilcot hält fest, dass das Für-Sprechen und der Versuch, andere zu überreden, den anderen und ihren Überzeugungen eine Form von diskursiver Gewalt zufügt. Vor dem Hintergrund, dass Interpretationen und Bedeutungen diskursive Konstruktionen sind, die von verkörperten Sprecherinnen produziert werden, hat Trebilcot die Sorge, dass der Versuch, andere zu überreden oder für sie zu sprechen, deren Fähigkeit oder Bereitschaft unterbindet, an dem diskursiven Akt der Bedeutungsentfaltung teilzunehmen. Da keine verkörperte Sprecherin mehr als einen Teilbericht geben kann, ist es wichtig, alle zum Bericht zu ermutigen (also innerhalb einer bestimmten Community, im Falle Trebilcots die lesbische Community).

In Trebilcots Abhandlung findet sich viel, mit dem ich übereinstimme. Ich stimme insbesondere damit überein, dass das Für-andere-Sprechen in vielen Momenten Gewalt erzeugt und unterbunden werden sollte. Doch es bleibt ein Problem in Bezug auf diese Sichtweise bestehen, dass selbst in einer abgegrenzten, unterstützenden Gemeinschaft die Praxis des Für-andere-Sprechens aufgegeben werden kann.

Dieses Problem besteht darin, dass sowohl Trebilcots Standpunkt als auch eine allgemeinere Rückzugsposition eine ontologische Struktur voraussetzt, die einfach nicht gegeben ist. Insbesondere wird davon ausgegangen, dass man sich in die eigene gesonderte Position zurückziehen und Behauptungen aufstellen *kann*, die vollständig und nur auf dieser Verortung gründen, die nicht auf andere übergreifen, und dass man sich aus den Verflechtungen zwischen den eigenen diskursiven Praktiken und den Positionen, Situationen und Praktiken der anderen lösen kann. (In anderen Worten übernimmt die These, dass ich nur für mich selbst sprechen kann, eine autonome Konzeption des Selbst aus der Theorie des klassischen Liberalismus: dass ich in meinem authentischen Selbst nicht mit anderen verbunden bin oder dass ich unter gewissen Umständen Autonomie von anderen erreichen kann.) Doch gibt es weder einen neutralen Ort, an dem man frei davon ist, dass die eigenen Worte vorschreibend die Erfahrungen anderer prägen oder vermitteln, noch besteht die Möglichkeit, gezielt eine Grenze zwischen der eigenen Verortung und allen anderen Verortungen zu ziehen. Selbst ein völliger Rückzug von der Rede wäre natürlich nicht neutral, da ein solcher Rückzug die fortgesetzte Vorherrschaft gegenwärtiger Diskurse erlaubt und deren Herrschaft durch Unterlassung bestärkt.

Ähnlich wie meine Praktiken durch Ereignisse ermöglicht werden, die räumlich weit von meinem Körper entfernt sind, machen auch meine eigenen Praktiken die Praktiken anderer möglich oder verhindern diese. Die Erklärung, dass ich »nur für mich selbst spreche«, hat einzig und allein den Effekt, mir zu erlauben, Verantwortung und Rechenschaftspflicht für meine Auswirkungen auf andere zu vermeiden. Sie kann diese Auswirkungen nicht buchstäblich auslöschen.

Lassen Sie mich dies an einem Beispiel veranschaulichen. Die feministische Bewegung in den Vereinigten Staaten hat viele verschiedene Selbsthilfegruppen für Frauen mit unterschiedlichen Bedürfnissen hervorgebracht: Selbsthilfegruppen etwa für Vergewaltigungsopfer, Inzestüberlebende oder Frauen, die Opfer häuslicher Gewalt wurden.

Einige dieser Gruppen bauten auf der Ansicht auf, dass jede Überlebende ihre eigene »Wahrheit« finden muss, die nur sie selbst einordnet und die keinen Einfluss auf andere hat. Die Erfahrung eines sexuellen Übergriffs, die eine Frau erleidet, deren Auswirkung auf sie sowie ihre Interpretation sollten daher nicht als eine übergreifende Verallgemeinerung verstanden werden, der sich andere in ihrer Erfahrung unterordnen oder anpassen müssen. Diese Sicht funktioniert nur bis zu einem gewissen Punkt. In dem Maße, in dem sie irreduzible Unterschiede darin, wie Menschen auf verschiedene Traumata jeweils reagieren, anerkennt und einfühlsam auf die unterschiedlichen Weisen eingeht, wie Frauen sich selbst heilen, stellt sie einen echten Fortschritt über einen homogenen, verallgemeinernden Ansatz, der ein Schema für alle vorgibt, dar. Allerdings wäre es illusorisch, anzunehmen, dass selbst in einem sicheren Raum wie dem einer Selbsthilfegruppe ein Mitglied der Gruppe etwa Inzest zwischen Bruder und Schwester als »Sexspiel« verharmlosen könnte, ohne jemanden in der Gruppe tiefgreifend zu verletzen, die ihrerseits versucht, an einer realistischen Bewertung der sexuellen Handlungen ihres Bruders mit ihr als einem schädlichen Angriff festzuhalten, trotz dessen Rationalisierung als Erwachsener: »Nun, für mich war das einfach ein harmloser Spaß.« Selbst wenn die Sprecherin dutzende Vorbehalte liefert, die ihre Sicht auf ihre Verortung beschränken, wird sie dennoch die andere Frau in ihrer Fähigkeit beeinflussen, ihre Erfahrung und ihre Reaktion auf diese Erfahrung in Worte zu fassen und zu interpretieren. Das rührt schlicht und einfach daher, dass wir unsere vermittelnde Praxis, die unsere Erfahrungen interpretiert und konstruiert, nicht sauber von der Praxis anderer trennen können. Wir sind kollektiv in einem verworrenen, empfindlichen Netz gefangen, in dem jede Handlung, die ich vornehme, unabhängig davon, ob dies diskursiv oder auf andere Weise geschieht, die Spannung der vielen Fäden des Netzes, in dem sich auch die anderen bewegen, entweder strafft, unterbricht oder unverändert lässt. Wenn ich für mich selbst spreche, entwerfe ich ein mögliches Selbst, eine Art in der Welt zu sein, und ich biete dieses Selbst anderen unabhängig davon, ob ich es beabsichtige oder nicht, als eine mögliche Weise zu sein an.

Der Versuch, die Problematik des Für-Sprechens zu vermeiden, indem man sich in ein individualistisches Reich zurückzieht, basiert daher auf einer Illusion, die in der individualistischen Ideologie des Westens gut gestützt ist, dass nämlich ein Selbst nicht in vielfältigen, sich überschneidenden Diskursen erzeugt wird, sondern aus einem einheitlichen Ganzen besteht, das von anderen unabhängig sein kann.

Es ist eine Illusion, dass ich mich von anderen in dem Maß abtrennen kann, dass es sich vermeiden ließe, sie zu beeinflussen. Das mag die Absicht meiner Rede und sogar ihre Bedeutung sein, wenn damit die formale Folgerung der Sätze gemeint ist, und doch ist es nicht die Wirkung der Rede und kann daher die Rede nicht in ihrer Realität als diskursive Praxis erfassen. Wenn ich »für mich selbst spreche«, dann bin ich an der Schaffung und Reproduktion der Diskurse beteiligt, durch die mein eigenes Selbst sowie andere Selbste erzeugt werden.

Ein weiteres Problem der Rückzug-Antwort besteht darin, dass diese von einem Verlangen motiviert sein kann, eine Methode oder Praxis zu finden, die gegen Kritik immun ist. Wenn ich nur für mich selbst spreche, dann kann es so scheinen, als ob ich immun gegen Kritik wäre, weil ich keine Behauptungen aufstelle, die andere beschreiben und ihnen Handlungsvorschriften machen. Wenn ich nur für mich selbst spreche, dann habe ich keine Verantwortung dafür, aufrichtig gegenüber deinen Erfahrungen oder Bedürfnissen zu sein.

Doch ist es sicherlich sowohl moralisch als auch politisch verwerflich, die eigenen Handlungen nach dem Wunsch auszurichten, Kritik zu vermeiden, insbesondere dann, wenn dieser Wunsch andere Momente der Wirksamkeit aufhebt. In einigen Fällen besteht die Motivation vielleicht gar nicht so sehr in der Vermeidung von Kritik als in der Vermeidung von Fehlern, und die Person ist der Meinung, dass der einzige Weg, um Fehler zu vermeiden, darin besteht, das Für-andere-Sprechen gänzlich zu vermeiden. Indes sind Fehler sowohl in theoretischer Untersuchung als auch in politischem Kampf unvermeidbar. Außerdem leisten sie oftmals einen eigenen Beitrag. Das Bestreben, ein absolutes Mittel zur Vermeidung von Fehlern zu finden, rührt wahrscheinlich nicht von dem Verlangen, kollektive Ziele voranzubringen, sondern von dem Verlangen nach persönlicher Beherrschung her, also dem Verlangen danach, sich eine privilegierte diskursive Stellung einzurichten, die weder untergraben noch angefochten werden kann und in der man somit Herrin der Situation ist. Von einer solchen Stellung aus wäre es nicht erforderlich, die eigene Verortung und Positionalität ständig zu befragen und kritisch zu reflektieren. Man müsste sich nicht ständig auf dieses emotional aufreibende Unternehmen einlassen und wäre immun gegenüber der Befragung durch andere. Einem solchen Verlangen nach Beherrschung und Immunität muss widerstanden werden.

Eine letzte Antwort auf das Problem, die ich untersuchen möchte, findet sich in Gayatri Chakravorty Spivaks reichhaltigem Aufsatz »Can the Subaltern Speak?«. In Spivaks Aufsatz geht es zentral um eine essentialistische, authentische Konzeption vom Selbst und von Erfahrung. Sie kritisiert die »selbst-verleugnende intellektuelle« Haltung, die Foucault und Deleuze einnehmen, wenn sie das Für-andere-Sprechen aufgrund der Annahme ablehnen, dass die Unterdrückten ihre eigenen wahren Interessen für alle durchsichtig wiedergeben können. Spivak zufolge dient Foucaults und Deleuzes Standpunkt nur dazu, die tatsächliche Autorisierungsmacht der sich zurückziehenden Intellektuellen zu verdecken, die eben gerade durch ihren Rückzug dazu beitragen, eine bestimmte Erfahrungskonzeption (als durchsichtig und selbstwissend) zu festigen. Dafür einzutreten, dass »Zuhören« das Gegenteil von Für-Sprechen darstellt, essentialisiert die Unterdrückten als nicht-ideologisch konstruierte Subjekte. Doch steht Spivak auch jenem Für-andere-Sprechen kritisch gegenüber, das sich an gefährlichen Repräsentationen beteiligt. Schlussendlich bevorzugt Spivak ein »An-Sprechen« [*speaking to*], in dem der Intellektuelle weder seine diskursive Rolle verleugnet noch Authentizität der Unterdrückten voraussetzt, aber dennoch die Möglichkeit zulässt, dass die Unterdrückten ein »Gegenurteil« formulieren, das dann ein neues Geschichtsnarrativ vorschlagen kann.

Mit dieser Antwort stimme ich am weitesten überein. Wir sollten uns darum bemühen, wo immer möglich, die Bedingungen für einen Dialog, für ein Miteinander-Sprechen [*speaking with*] sowie für ein An-Sprechen anstelle eines Für-Sprechens zu schaffen. Wenn die Gefahren des Für-andere-Sprechens in der Möglichkeit der Fehlinterpretation oder Ausweitung der eigenen Autorität und des eigenen Privilegs sowie eines allgemein imperialistischen Sprachrituals gründen, dann kann das Miteinander-Sprechen und das An-Sprechen diese Gefahren abschwächen.

Oftmals erforschen privilegiertere Personen die Möglichkeit zu einem Dialog nicht oder verfolgen diese Möglichkeit nicht angemessen weiter. Räume, in denen es vielleicht unmöglich zu sein scheint, sich auf dialogische Begegnungen einzulassen, müssen auf eine Weise geändert werden, dass dies möglich wird – Räume wie Klassenräume, Krankenhäuser, Arbeitsplätze, Sozialhilfe-Einrichtungen, Universitäten, Einrichtungen für internationale Entwicklung und Hilfe sowie Regierungen. Schon lange Zeit wurde zur Kenntnis genommen, dass existierende Technologien der Kommunikation das Potential haben, diese Formen der Interaktion herzustellen, auch wenn Forschungs- und Entwicklungsteams dies im Kapitalismus nicht als vorteilhaft einschätzten.

Spivaks Argumente legen allerdings nahe, dass eine einfache Lösung nicht darin besteht, dass die Unterdrückten und weniger Privilegierten für sich selbst sprechen können, da ihre Rede weder notwendigerweise befreiend wirkt noch ihre »wahren Interessen«, falls solche existieren, widerspiegelt. Ich würde ihr in diesem Punkt zustimmen. Und dennoch kann man dafür Argumente anführen (wie sie meiner Ansicht nach selbst folgert), dass die Rede des Subalternen oder der unterdrückten Person zu ignorieren bedeutet, »das imperialistische Projekt weiterzuführen«

(S. 298). Wenn jedoch die Privilegierung der Rede der Unterdrückten nicht mit der Begründung vorgenommen werden kann, dass ihr Inhalt notwendigerweise befreiend wirkt, dann kann sie doch mit dem Akt des Sprechens an sich begründet werden. Sprechen begründet ein Subjekt, das den Gegensatz zwischen wissendem Akteur und dem Objekt des Wissens herausfordert und umstößt, einen Gegensatz, der den Kern der Reproduktion imperialistischer Diskursmodi bildet. Das Problem des Für-andere-Sprechens liegt in ebendieser Struktur der Diskurspraxis unabhängig vom Inhalt, und genau aus diesem Grund muss diese Struktur verändert werden.

Während es jedoch viel theoretische und praktische Arbeit erfordern wird, solche Alternativen zu entwickeln, bleibt das Für-andere-Sprechen in einigen real bestehenden Situationen die beste Möglichkeit. Ein vollkommener Rückzug schwächt die politische Wirksamkeit, beruht auf einer metaphysischen Täuschung und verschleiert oftmals nur die Macht der Intellektuellen. Im verbleibenden Teil dieses Aufsatzes werde ich deshalb der Frage nachgehen, wie wir die Gefahren des Für-Sprechens abschwächen können.

III

Meine Ablehnung, sich grundsätzlich vom Für-Sprechen zurückzuziehen, bedeutet nicht, dass ich es befürworte, zu einer unreflektierten Aneignung des anderen zurückzukehren, sondern vielmehr, dass jeder, der für andere spricht, dies nur aus einer konkreten Untersuchung der bestimmten Machtverhältnisse und der jeweils beteiligten diskursiven Auswirkungen heraus tun sollte. Ich möchte diesen Punkt weiter ausarbeiten, indem ich auf vier Zusammenstellungen von Befragungspraktiken eingehe, die bei der Bewertung möglicher und tatsächlicher Fälle des Für-Sprechens helfen sollen. In Form einer Liste scheinen sie vielleicht an einen Algorithmus zu erinnern, als ob wir eine Instanz des Für-Sprechens in diesen Algorithmus hineinstecken und dabei eine Analyse und Bewertung ausklammern könnten. Sie sind jedoch nur dafür gedacht, einen Fragenkatalog vorzuschlagen, der auf jede diskursive Praxis angewendet werden sollte. Diese Fragen sind keineswegs originell: Sie wurden bereits von vielen Aktivisten und Theoretikerinnen gelernt und angewendet.

1. Der jeweilige Drang zu sprechen muss sorgfältig analysiert und in vielen Fällen (mit Sicherheit im Fall der Akademikerinnen!) bekämpft werden. Dies mag als ein seltsamer Einstieg in die Diskussion über das Für-Sprechen erscheinen, der springende Punkt dabei ist aber, dass der Impuls, *immer* der Sprecher zu sein und in allen Situationen zu sprechen, als das gesehen werden muss, was er ist: das Verlangen nach Macht und Vorherrschaft. Wenn der unmittelbare Impuls darin besteht, eine weniger privile-

gierte Sprecherin zu belehren anstatt ihr zuzuhören, dann sollte man diesem Impuls lange genug widerstehen, um ihn sorgfältig hinterfragen zu können. Einigen von uns wurde beigebracht, dass wir aufgrund des vorherrschenden Geschlechts, der Klasse, Herkunft, den Buchstaben vor oder nach unserem Namen oder irgendeines anderen Kriteriums mit größerer Wahrscheinlichkeit im Besitz der Wahrheit sind. Anderen wurde das Gegenteil beigebracht, und sie werden zögerlich und mit eingeflochtenen Entschuldigungen sprechen, falls sie überhaupt sprechen.[12]

Zugleich müssen wir anerkennen, dass gerade die Entscheidung dafür, »Platz zu machen« oder sich zurückzuziehen, nur aus einer privilegierten Position heraus erfolgen kann. Diejenigen, die nicht in der Position sind, überhaupt zu sprechen, können sich nicht von einer Handlung zurückziehen, die sie gar nicht ausführen. Darüber hinaus ist die Entscheidung für sich selbst, sich zurückzuziehen, eine Erweiterung oder Anwendung und nicht der Verzicht eines Privilegs. Dennoch ist solches manchmal notwendig.

2. Wir müssen auch den Einfluss unserer Verortung und unseres Kontexts auf das, was wir sagen, hinterfragen. Dies sollte ein expliziter Teil jeder ernsthaften Diskurspraxis sein, an der wir teilnehmen. Eine Möglichkeit, anzufangen, könnte darin bestehen, dass wir Hypothesen über die möglichen Verbindungen zwischen unserer Position und unseren Worten aufstellen. Dieses Vorgehen wäre dann am erfolgreichsten, wenn es im Kollektiv mit anderen erfolgte, denn dadurch würden Aspekte unserer Position, die eher im Dunkeln liegen, offengelegt werden.[13]

Ein verzerrter Weg, auf dem dies zu häufig umgesetzt wird, besteht darin, dass Sprechende im Geiste der »Ehrlichkeit« zu Beginn ihres Diskurses autobiographische Informationen über sich selbst als eine Art Disclaimer preisgeben. Damit soll die Anerkennung ihres eigenen Verständnisses davon aufgezeigt werden, dass sie ohne den Anspruch auf eine transzendentale Wahrheit aus einer bestimmten, verkörperten Position sprechen. Doch ein solcher Akt dient keinem guten Zweck, wie María Lugones und andere mit Nachdruck herausgearbeitet haben, wenn er als Disclaimer gegenüber der eigenen Unwissenheit und Fehlern und zugleich ohne eine kritische Befragung dessen gesetzt wird, wie eine solche Autobiographie sich auf das im Folgenden Gesagte auswirkt. Solches überlässt die gesamte tatsächliche Arbeit, die getan werden müsste, den Zuhörenden. Wenn etwa ein weißer Mann aus der Mittelschicht seine Rede damit einleitet, bestimmte autobiographische Informationen mit uns zu teilen, und sie dann als eine Art Verteidigung für jede denkbare Einschränkung seiner Rede verwendet, dann läge die Arbeit, seine Begriffe in unsere eigenen zu übersetzen, die Anwendbarkeit seiner Analyse auf unsere unterschiedliche Situation zu bewerten und die substantielle Relevanz seiner Verortung für seine Aussagen zu bestimmen, bei uns im Publikum, die seine soziale Position nicht teilen. Dies mussten weniger privilegierte Personen schlicht und einfach immer schon tun, wenn sie die Geschichte der Philosophie, der Literatur oder was auch immer lasen. Auf diese Weise wurde ihre Aufgabe, sich diese Diskurse anzueignen, schwieriger und zeitaufwendiger (und führte mit größerer Wahrscheinlichkeit zu einer Entfremdung). Einfache, unhinterfragte Disclaimer verbessern diese nur allzu bekannte Situation nicht und können sie sogar noch verschlimmern, indem der Sprecher dadurch, dass er solche Informationen teilt, sich als noch stärker autorisiert empfinden kann und ihm von seinen Gleichgestellten noch mehr Autorität zugesprochen wird.

3. Sprechen sollte immer mit einer Rechenschaftspflicht und Verantwortung für das, was man sagt, einhergehen. Wem man Rechenschaft schuldet, ist eine politische/epistemologische Entscheidung, die anfechtbar, bedingt und, wie Donna Haraway sagt, durch den Prozess der diskursiven Handlung konstruiert ist. In der Praxis bedeutet dies eine ernsthafte und aufrichtige Verpflichtung dazu, offen für Kritik zu bleiben und aktiv zu versuchen, aufmerksam und einfühlsam die Kritik zu »hören« (zu verstehen). Der schnelle Impuls, Kritik zurückzuweisen, muss misstrauisch machen.
4. Wir kommen zu meinem zentralen Punkt: Um die Versuche des Für-andere-Sprechens in bestimmten Momenten bewerten zu können, müssen wir die wahrscheinlichen und tatsächlichen Auswirkungen der Worte auf den diskursiven und realen Kontext analysieren. Weder kann man einfach die Verortung der Sprecherin und ihre Legitimation, zu sprechen, noch bloß den Aussagengehalt der Rede betrachten. Man muss auch miteinbeziehen, wo die Rede hingeht und was sie dort macht.

Lediglich auf den Inhalt einer Zusammenstellung von Behauptungen zu schauen, ohne dabei die Wirkungen der Behauptungen zu beachten, kann keine angemessene oder gar bedeutungsvolle Bewertung nach sich ziehen, und zwar zum Teil deshalb, weil die Idee eines von der Wirkung getrennten Inhalts nicht standhält. Der Inhalt der Behauptung oder deren Bedeutung geht aus der Interaktion zwischen Worten und Hörenden innerhalb einer sehr spezifischen geschichtlichen Situation hervor. Aufgrund dessen müssen wir sorgfältig auf die diskursive Anordnung achten, um die Bedeutung eines gegebenen diskursiven Ereignisses vollständig zu verstehen. So kann etwa in einer Situation, in der eine wohlmeinende Erste-Welt-Person für eine Person oder Gruppe in der Dritten Welt spricht, ebendiese diskursive Anordnung die Sicht der »Hierarchie der Zivilisationen«, in der die Vereinigten Staaten von Amerika direkt an die Spitze gestellt werden, wieder stärken. Diese Wirkung tritt ein, weil die Sprecherin als autoritativ und bemächtigt, als wissendes Subjekt positioniert wird, während die Gruppe in der Dritten Welt nur aufgrund der Struktur der Sprechpraxis darauf reduziert wird, ein Objekt und Opfer zu sein, für das aus der Ferne eingetreten werden muss, so dass die Gruppe entmachtet wird. Obwohl die Sprecherin vielleicht versucht, die Situation einer weniger privilegierten Gruppe grundlegend zu verbessern, besteht die Wirkung ihres Diskurses darin, rassistische, imperialistische Konzeptionen zu bestärken und vermutlich auch weiterhin die eigene Fähigkeit der weniger privilegierten Gruppe, zu sprechen und gehört zu werden, zum Schweigen zu bringen.[14] Dies zeigt uns, warum es so wichtig ist, den Diskurs, wie Foucault empfiehlt, neu als ein *Ereignis* zu fassen, das etwa die Sprecherin, die Worte, die Hörenden, die Position und die Sprache miteinschließt.

Alle auf diese Weise hervorgebrachten Bewertungen

werden notwendigerweise *indiziert* vorliegen. Sie werden also für eine ganz bestimmte Position gelten und können nicht als allgemeingültig verstanden werden. Dies ergibt sich einfach aus der Tatsache, dass die Bewertungen auf den spezifischen Elementen des historischen diskursiven Kontextes, der Position der Sprecherin und Hörerin usw. basieren werden. Wird nur eines dieser Elemente verändert, ist eine neue Bewertung erforderlich.

Lassen Sie mich dies anhand der zu Beginn angeführten Beispiele veranschaulichen. Im Fall von Cameron sind die Auswirkungen ihrer Bücher, wenn sie wirklich zu einer Entmachtung der indigenen kanadischen Frauen führen, kontraproduktiv gegenüber Camerons eigenen erklärten Absichten, und sie sollte in der Tat »Platz machen«. Im Fall des weißen Theoretikers, der über Architektur statt über die Politik der Postmoderne referierte, hatte seine Weigerung zur Folge, dass er keinen Beitrag zu einem wichtigen Thema leistete und wir alle die Gelegenheit verloren, das Thema zu diskutieren und zu erkunden.

Lassen Sie mich nun zu Präsident Bush kommen. Wenn Bush behauptet, dass Noriega ein korrupter Diktator ist, der der Demokratie in Panama im Weg steht, dann wiederholt er eine Behauptung, die fast wörtlich von der panamaischen Oppositionsbewegung aufgestellt wurde. Dennoch unterscheiden sich die Wirkungen der beiden Aussagen erheblich voneinander, weil die volle Bedeutung der Behauptung sich dadurch grundlegend ändert, wer genau sie aufstellt. Wenn der Präsident der Vereinigten Staaten von Amerika vor der Welt über eine Regierung der Dritten Welt urteilt und sie wegen Korruption und mangelnder Demokratie kritisiert, dann besteht die volle Bedeutung *dieser* Erklärung im Gegensatz zu jener der Opposition darin, die vorherrschende Anglo-Sicht zu bekräftigen, dass die Korruption in Lateinamerika die Hauptursache für die Armut und fehlende Demokratie in der Region ist, dass die Vereinigten Staaten die Demokratie in der Region unterstützen und dass die Vereinigten Staaten Korruption und Tyrannei verurteilen. Die Wirkung, die das Sprechen des Präsidenten für Lateinamerika hat, besteht also darin, dass der amerikanische Imperialismus weiter gefestigt wird, indem dessen wahre Rolle in der Folter und dem Mord von Hunderttausenden von Menschen in der Region, die versucht hatten, eine demokratische und fortschrittliche Regierung ins Leben zu rufen, verschleiert wird. Und diese Wirkung wird weiterhin bestehen, solange er die amerikanische Außenpolitik nicht radikal verändert und ihre Geschichte internationaler Massenmorde eingesteht.

Fazit

Dieses Problem wird dadurch noch verkompliziert, dass die Bedeutung der Quelle oder der Position der Autorin unterschiedlich aufgefasst werden kann. Entsprechend einer Sicht könnte die Autorin eines Texts dessen »Eigentümerin« oder »Urheberin« sein, der die Entwicklung der Ideen sowie die Autorität zugeschrieben wird, diese Ideen zu interpretieren. Entsprechend einer anderen Sicht wäre die ursprüngliche Sprecherin oder Schreibende nicht privilegierter als jede andere Person, die diese Ansichten ausdrückt; und die »Autorin« könnte strenggenommen auch eigentlich gar nicht eindeutig identifiziert werden, da das Konzept der Autorin eine ideologische Konstruktion darstellt, die viele Abstraktionen davon entfernt liegt, wie Ideen entstehen und zu materiellen Kräften werden.[15] Bedeutet diese letzte Sicht nun, dass die Quelle bzw. die Position der Autorin irrelevant ist?

Dieser Schluss muss nicht daraus folgen, obwohl dies in einigen Formulierungen durchaus der Fall sein könnte. Wir können die »ursprüngliche« Autorin ent-privilegieren und Ideen begreifen als etwas, das sich (fast) frei in einem diskursiven Raum bewegt, von vielen Positionen aus erreichbar und ohne eine eindeutig identifizierbare ursprüngliche Spur ist, und dennoch uns unser Gefühl bewahren, dass die Quelle relevant für die Wirkung bleibt. Unsere Metatheorie der Autorschaft schließt nicht die materielle Wirklichkeit aus, dass es in diskursiven Räumen eine Sprecherin oder Schreibende gibt, die als Autorin ihrer Aussagen gilt, dass etwa die feministische Aneignung des Begriffs »Patriarchat« Kate Millett, einer weißen angloamerikanischen Feministin, zugeschrieben wird oder dass der Begriff des Feminismus selbst mit einem westlichen Ursprung assoziiert wurde und wird. Diese Assoziationen haben eine Wirkung, eine Wirkung, die Misstrauen bei einigen Nationalisten der Dritten Welt hervorruft, eine Wirkung, die halb bewusst imperialistische Einstellungen bei einigen Feministinnen der Ersten Welt erneut verstärkt. Dies sind nicht die einzig möglichen Wirkungen, und einige Wirkungen sind vielleicht gar nicht so schädlich, doch alle Wirkungen müssen miteinbezogen werden, wenn es darum geht, den Diskurs des »Patriarchats« zu bewerten. Ich möchte hier nicht den Eindruck erwecken, ich sei der Überzeugung, dass der Begriff »Patriarchat« zurückgewiesen werden sollte oder dass die Reaktionen der Hörerinnen ohne Diskussion akzeptiert werden müssten. Wenn wir aber die realen Wirkungen ignorieren und uns nur auf den »Inhalt« konzentrieren (als könne man diese beiden voneinander trennen), dann wird unsere Bewertung erheblich unzureichend sein.

Die Wirkungen zu betonen, soll deshalb nicht bedeuten, dass eine Auseinandersetzung mit der Verortung der Sprecherin weniger wichtig ist. Man könnte diese zuletzt genannte Auseinandersetzung als eine Genealogie bezeichnen (wie es auch schon getan wurde). In diesem Sinn umfasst eine Genealogie die Frage danach, wie eine Position oder Sicht durch und innerhalb der Verbindung und des Konflikts historischer, kultureller, ökonomischer, psychologischer und sexueller Praktiken vermittelt und begründet wird. Mir scheint jedoch, dass die Bedeutung des Ursprungs einer Sicht und die Bedeutung einer Genealogie in eine Gesamtanalyse der Auswirkungen eingehen sollten, wobei die zentrale Frage lautet, welche Auswirkungen die

Sicht auf die materiellen und diskursiven Praktiken hat, die sie durchläuft, und welche bestimmte Struktur von Machtverhältnissen sich aus diesen ergibt. Die Quelle ist nur sofern relevant, als dass sie einen Einfluss auf die Wirkung hat. Wie Spivak zu sagen pflegt, schließt die Erfindung des Telefons durch einen Mann der europäischen Oberschicht keineswegs aus, dass es für eine antiimperialistische Revolution genutzt werden könnte.

Abschließend möchte ich betonen, dass die Praxis des Für-andere-Sprechens oft dem Wunsch nach Herrschaft entspringt, sich selbst als diejenige zu privilegieren, die die Wahrheit über die Situation einer anderen Person besser versteht als diese selbst, oder als diejenige, die sich für eine gerechte Sache einsetzen kann und somit Ruhm und Lob erhält. Und die Auswirkung der Praxis des Für-andere-Sprechens besteht oft, wenn auch nicht immer, darin, auszulöschen und sexuelle, nationale oder andere Arten von Hierarchien erneut zu verfestigen. Ich hoffe, dass diese Untersuchung eher einen Beitrag zu dieser wichtigen aktuellen Diskussion dazu leistet, wie Strategien für eine gleichberechtigtere, gerechtere Verteilung der Befähigung zu sprechen und gehört zu werden, entwickelt werden können, als dass sie diese mindert. Doch sollte diese Entwicklung nicht als absolute Ent-Autorisierung aller Praktiken des Für-Sprechens verstanden werden. Es ist nicht *immer* der Fall, dass ich schlechter gestellt bin, wenn andere, die anders sind als ich, für mich gesprochen haben, oder dass die anderen schlechter wegkommen, wenn wir für sie sprechen. Manchmal, wie Loyce Stewart argumentiert hat, brauchen wir einen »Boten«, der für unsere Anliegen eintritt.

Ich habe dafür argumentiert, dass die Tatsache, dass eine Behauptung oder diskursive Praxis in zweifelhaften Motiven oder Manövern oder in einer privilegierten sozialen Position gründet, zwar immer relevant ist, jedoch nicht ausreicht, um diese zurückzuweisen. Wir müssen weitere Fragen in Bezug auf ihre Wirkung stellen, Fragen, die letztlich auf das Folgende hinauslaufen: Wird diese Praxis die Selbstbestimmung [*empowerment*] unterdrückter Menschen ermöglichen?

Anmerkungen

Ich bin den folgenden Personen für ihre wesentliche Hilfe bei diesem Artikel zu Dank verpflichtet: Eastern Society for Women in Philosophy, the Central New York Women Philosopher's Group, Loyce Stewart, Richard Schmitt, Sandra Bartky, Laurence Thomas, Leslie Bender, Robyn Wiegman, Anita Canizares Molina, Felicity Nussbaum sowie zwei anonymen Gutachtern bzw. Gutachterinnen.

1 Siehe Maracle 1989, S. 9 f.

2 Trebilcot erklärt hier ihre eigenen Gründe für die Ablehnung dieser Praktiken, versucht jedoch nicht dafür zu plädieren, dass andere Frauen es ihr gleichtun sollten. Daher fällt ihre Argumentation auch nicht in einen selbstreferentiellen Widerspruch.

3 Für Beispiele von Anthropologen, die sich diesem Problem zugewandt haben, siehe Clifford/Marcus 1986; Clifford 1983; Marcus/Fischer 1986 und Rabinow 1985.

4 Privilegiert zu sein bedeutet hier, sich in einer vorteilhafteren, mobileren und dominanteren Position gegenüber den Macht-/Wissensstrukturen in einer Gesellschaft zu befinden. Daher bringt Privileg positive Vorannahmen mit sich, wenn man spricht. Einige *races*, Nationalitäten, Geschlechter, Sexualitäten und Schichten gewähren Privileg, wobei ein einzelnes Individuum (wahrscheinlich die meisten Individuen) Privileg in Hinblick auf einige Aspekte seiner Identität erfahren und in Hinblick auf andere Aspekte Privileg mangeln kann. Deshalb muss Privileg immer sowohl nach bestimmten Beziehungen als auch bestimmten Positionen indiziert werden.

Der Begriff Privileg sollte keine Stellungen, die diskursive Macht haben, miteinbeziehen, wenn diese durch Leistung erreicht wurden, wobei diese ohnehin selten rein sind. Anders gesagt: Manchen Personen wird diskursive Autorität erteilt, weil sie angesehene Führungskräfte oder Lehrende in einem Klassenraum sind und mehr Wissen über die entsprechende Materie haben. Natürlich ist die auf Leistung basierende Autorität dieser Personen sehr oft mit der Autorität verbunden, die sie aufgrund ihres dominanten Geschlechts, ihrer dominanten *race*, Klasse oder Sexualität haben. Letztere sind diejenigen Ursprünge von Autorität, auf die ich mich mit dem Begriff »Privileg« beziehe.

5 Siehe auch Lugones/Spelman 1986. In ihrem Aufsatz erforschen Lugones und Spelman, wie die »Forderung nach der Stimme der Frauen« Women of Color entmachtete, indem die Unterschiede des Privilegs innerhalb der Kategorie Frau nicht beachtet wurden, und wie das dazu führte, dass nur die Stimmen weißer Frauen privilegiert wurden. Sie untersuchen die daraus entstandenen Auswirkungen auf die Theoriebildung innerhalb des Feminismus und versuchen, »Möglichkeiten, zu sprechen oder besprochen zu werden«, zu finden, die »hilfreich, aufschlussreich, bemächtigend, respektvoll« (S. 25) sind. Der vorliegende Aufsatz ist von ihrem inspiriert und soll ihre Diskussion weiterführen.

6 Siehe Menchú 1984. (Die Verwendung des Begriffs ›Indianer‹ folgt hier Menchús Verwendung.)

7 Wenn es z. B. so ist, dass kein »deskriptiver« Diskurs frei von Normen und Werten ist, dann ist auch kein Diskurs frei von jeglicher Art der Fürsprache, und jedes Sprechen-über wird ein Sprechen für jemanden, für mehrere oder für etwas einschließen.

8 Eine weitere Unterscheidung, die getroffen werden könnte, besteht zwischen verschiedenen materiellen Praktiken des Für-Sprechens: eine Rede zu halten, einen Essay oder ein Buch zu schreiben, einen Film oder ein Fernsehprogramm zu produzieren oder etwa zu hören, zu lesen oder anzuschauen. Ich werde nicht auf die möglichen Unterschiede eingehen, die aus diesen unterschiedlichen Praktiken hervorgehen, und mich den (fiktiven) »generischen« Praktiken des Für-Sprechens zuwenden.

I

9 Für eine Diskussion dieses Phänomens in der Kunstwelt siehe Wilson 1990, insb. S. 36. Siehe auch Christian 1987 und Gates 1987, insb. S. 34.

II

10 Siehe Alcoff 1988. Für eine breitere Diskussion der Multidimensionalität sozialer Identität, siehe Lugones 1987 und Anzaldúa 1987.

11 Meine Verwendung dieser numerischen Begriffe soll sich auf Maos Theorie der drei Welten beziehen, einen Versuch, die ausbeuterische Arbeitsteilung zwischen den Nationen aufzuzeigen und einen spezifischeren Ansatz zu bieten als die Begrifflichkeit »unterdrückende / unterdrückte Nationen« es vermag. Dennoch sind diese Begriffe ihrerseits problematisch, da sie genau die Hierarchie zwischen den Nationen, die sie umzustoßen versuchen, erneut zu verfestigen scheinen. Und in bestimmten Kontexten können sie auf eine Weise nachhallen, dass sie unter Erste-Welt-Menschen ein ungerechtfertigtes Gefühl von Überlegenheit stärken.

III

12 Siehe Said 1989, S. 219, wo er auf diesen Punkt eingeht und aufzeigt, wie der »Dialog« zwischen der westlichen Anthropologie und den kolonialisierten Völkern nicht wechselseitig verlief und die Dringlichkeit dessen unterstreicht, dass die Menschen der westlichen Welt damit anfangen, *aufzuhören zu reden.*

13 Siehe nochmals Said 1989, S. 212, wo er insbesondere zur Selbstbefragung privilegierter Sprecher ermutigt. Dies scheint ständiges Thema in den manchmal sogenannten »Minderheitendiskursen« unserer Zeit zu sein, nämlich die Behauptung der Notwendigkeit, dass Weiße *Whiteness* studieren. Die Notwendigkeit, die eigene Verortung zu hinterfragen, besteht in jedem diskursiven Ereignis eines jeden Sprechers, doch mit Blick auf die Einseitigkeit der gegenwärtigen »Dialoge« scheint es besonders wichtig, dies unter Privilegierten durchzusetzen, die manchmal den Eindruck erwecken, die sozialen und kulturellen Konstruktionen von allen außer ihrer eigenen studieren zu wollen.

14 Dafür zu argumentieren, dass die Wirkungen relevant für die Bewertung sind, bedeutet nicht, dass es nur einen Weg gibt, eine solche Bilanz zu erstellen oder herauszubekommen, welche Wirkungen als wünschenswert angesehen werden. Wie jemand eine bestimmte Wirkung bewertet, bleibt offen; Nummer vier meiner Aufzählung legt einfach nur dar, dass Wirkungen immer berücksichtigt werden müssen.

Fazit

15 Mir gefällt, wie Susan Bordo diesen Punkt fasst. Während sie über Theorien oder Ideen spricht, die an Bedeutung gewinnen, führt sie aus: »alle kulturellen Formationen [...] [sind] aus verschiedenen Elementen komplex aufgebaut – intellektuell, psychologisch, institutionell und soziologisch. Sie entstehen nicht aus einem monolithischen Entwurf, sondern aus einem Zusammenspiel von Faktoren und Kräften, das am besten nicht als eine eigenständige, definierbare Position, die wir einnehmen oder ablehnen, sondern als ein entstehender Zusammenhang zu begreifen ist, der durch eine Vielfalt an Strömungen genährt wird, die manchmal einander überlappen, manchmal voneinander klar unterschieden sind« (Bordo 1989, S. 135). Angenommen, dass Ideen in einer solchen Kräfteanordnung aufkommen: Macht es dann überhaupt noch Sinn, nach einer Autorin zu fragen?

Zitierte Werke

Alcoff, Linda: Cultural Feminism versus Post-Structuralism: The Identity Crisis in Feminist Theory. In: Signs 13 (1988) Nr. 3. S. 405–436.

Anzaldúa, Gloria: Borderlands – La Frontera. San Francisco 1987.

Bordo, Susan: Feminism, Postmodernism, and Gender-Skepticism. Feminism/Postmodernism. Hrsg. von Linda Nicholson. New York 1989. S. 133–156.

Christian, Barbara: The Race for Theory. In: Cultural Critique 6 (1987) S. 51–63.

Clifford, James: On Ethnographic Authority. In: Representations 2 (1983) Nr. 1. S. 118–146.

– / Marcus, George E. (Hrsg.): Writing Culture: The Poetics and Politics of Ethnography. Berkeley 1986.

Deleuze, Gilles / Foucault, Michel: Intellectuals and Power. In: M. F.: Language, Counter-Memory, Practice. Hrsg. von Donald Bouchard. Übers. von Donald Bouchard und Sherry Simon. Ithaca 1977. S. 205–217. [Dt.: G. D. / M. F.: Der Faden ist gerissen. Übers. von Walter Seiner und Ulrich Raulf. Berlin 1977.]

Gates, Henry Louis, Jr.: Authority, (White) Power and the (Black) Critic. It's All Greek To Me. In: Cultural Critique 7 (1987) S. 19–46.

Lugones, María: Playfulness, ›World‹-Travelling, and Loving Perception. In: Hypatia 2 (1987) Nr. 2. S. 3–19.

– / Spelman, Elizabeth: Have We Got a Theory For You! Cultural Imperialism, Feminist Theory and the Demand for the Women's Voice. In: Women and Values: Readings in Recent Feminist Philosophy. Hrsg. von Marilyn Pearsall. Belmont 1986. S. 19–31.

Maracle, Lee: Moving Over. In: Trivia 14 (1989) S. 9–12.

Marcus, George E. / Fischer, Michael (Hrsg.): Anthropology as Cultural Critique. Chicago 1986.

Menchú, Rigoberta: I ... Rigoberta Menchú. Hrsg. von Elisabeth Burgos-Debray. Übers. von Ann Wright. London 1984.

Rabinow, Paul: Discourse and Power: On the Limits of Ethnographic Texts. In: Dialectical Anthropology 10 (1985) Nr. 1, 2. S. 1–14.

Said, Edward W.: Representing the Colonized: Anthropology's Interlocutors. In: Critical Inquiry 15 (1989) Nr. 2. S. 205–225.
Spivak, Gayatri: Can the Subaltern Speak? Marxism and Interpretation of Culture. Hrsg. von Cary Nelson und Lawrence Grossberg. Urbana 1988. S. 271–313. [Dt.: Can the Subaltern Speak? Postkolonialität und subalterne Artikulation. Übers. von Alexander Joskowicz und Stefan Nowotny. Wien 2018.]
Trebilcot, Joyce: Dyke Methods. In: Hypatia 3 (1988) Nr. 2. S. 1–13.
Trịnh Thị Minh Hà: Woman, Native, Other: Writing Postcoloniality and Feminism. Bloomington 1989. [Dt.: Woman, Native, Other: Postkolonialität und Feminismus schreiben. Übers. von Katharina Menke. Wien/Berlin 2010.]
Wilson, Judith: Down to the Crossroads: The Art of Alison Saar. In: Third Text 4 (1990) Nr. 10. S. 25–44.

Zu dieser Ausgabe

Die Grundlage der Übersetzung ist:

Linda Alcoff: The Problem of Speaking for Others. In: Cultural Critique 20 (1991–92) S. 5–32.

Die Übersetzung erfolgt mit freundlicher Genehmigung durch die Autorin.

Anmerkungen der Herausgeberin

7,2 *Anne Cameron:* *1938, kanadische Schriftstellerin, Dichterin und Drehbuchautorin. Ihr Stück *Windigo* behandelt als eines der ersten Theaterstücke Rassismus gegen kanadische Indigene.

8,14 *Sojourner:* Die Zeitschrift *Sojourner: The Women's Forum* erschien in Cambridge von 1975 bis 2002 und entwickelte sich schnell zur maßgeblichen feministischen Zeitschrift in Nordamerika. Sie wurde benannt nach der freigelassenen Sklavin, Frauenrechtlerin und Abolitionistin (die also für die Abschaffung der Sklaverei eintrat) Sojourner Truth (um 1797–1883).

8,17 *Joyce Trebilcot:* 1933–2009, Feministin und Mitbegründerin der Women's Studies.

8,27 *Trịnh T. Minh Hà:* *1952, vietnamesische Komponistin, Filmemacherin und Literaturtheoretikerin (Postkolonialismus).

9,7 *S. 65, 67:* Hier zitiert nach der deutschen Übersetzung, S. 123, 127.

9,10 *a priori:* von vornherein, vor jeder Erfahrung, nur aufgrund der Bedeutung der verwendeten Begriffe.

11,11 *Angla:* weibliche Form von »Anglo«, bezeichnet eine weiße, nordamerikanische Person im Unterschied zu einer Person lateinamerikanischer Herkunft.

11,12 *Mestiza:* weibliche Form von »Mestizo«, bezeichnet eine Person mit europäischen und indigenen Wurzeln aus spanisch- und portugiesischsprachigen ehemaligen Kolonien.

12,11 f. *Rigoberta Menchú:* *1959, guatemaltekische Menschenrechtsaktivistin, erhielt 1992 den Friedensnobelpreis.

12,17 *epistemologischen:* erkenntnistheoretischen.

18,4 *Gilles Deleuze:* 1925–1995, französischer Philosoph, der gemeinhin der postmodernen Philosophie zugeordnet wird und u. a. für eine radikale Kritik des modernen, westlichen Subjektbegriffs steht.

19,12 *Foucault:* Michel Foucault (1926–1984), französischer Philosoph, der Diskurse auf ihre Auswirkungen auf uns und unsere Wahrnehmung untersuchte (Diskursanalyse, Wissenssoziologie), besonders im Gebiet Wahnsinn, Sexualität und Strafe.

20,1 *Ontologie:* Lehre vom Sein, hier: das, was die Bedeutung wesenhaft ausmacht.

20,16 f. *spricht auf »eine dumme Art«, wie Andy Warhol Bruce Springsteen vorwarf:* Warhol (1928–1987) vermerkte am 23. August 1978 in *The Andy Warhol Diaries* nach dem Besuch eines Konzertes von Springsteen (*1949): »Why is Bruce Springsteen big, though? He talks the dumb way. Like Sylvester Stallone. Is that why these people are big? Because they talk that way and people identify? He does work really hard.« (https://archive.org/stream/AndyWarhol1987/The%20Andy%20Warhol%20Diaries%20%28%20PDFDrive%20%29_djvu.txt).

20,26 *Judith Wilson:* *1962, britische Journalistin und Autorin.

22,6–8 *Korrespondenztheorien, idealistische Theorien, pragmatistische Theorien, Kohärenztheorien und Konsenstheorien: Korrespondenztheorien:* Eine Überzeugung ist genau dann wahr, wenn sie mit den Tatsachen übereinstimmt (d.h. wenn es eine Tatsache gibt, mit der sie übereinstimmt); *idealistische Theorien:* Wahrheit kann nur im erkennenden Subjekt verortet und als eine Form des Denkens begriffen werden; *pragmatistische Theorien:* Wahrheit zeichnet sich durch ihre konkreten Wirkungen aus, sie muss sich in der Praxis bewähren; *Kohärenztheorien:* Eine Aussage ist dann wahr, wenn sie Teil eines kohärenten Systems von Aussagen ist; *Konsenstheorien:* Eine Aussage ist dann wahr, wenn sie widerspruchsfrei begründet werden kann.

22,15 *Kant:* Immanuel Kant (1724–1804), deutscher Philosoph, Spät-Aufklärer (»Beantwortung der Frage: Was ist Aufklärung?«). In seiner philosophischen Arbeit widmet er sich der kritischen Untersuchung der menschlichen Vernunft und ihrer Grenzen.

22,15 *Hegel:* Georg Wilhelm Friedrich Hegel (1770–1831), Philosoph, einflussreicher Vertreter des deutschen Idealismus. Mit seiner dialektischen Methode beansprucht er, die gesamte Wirklichkeit in ihrer geschichtlichen Entwicklung und ihren vielfältigen Erscheinungsformen zu systematisieren und zu begreifen.

23,4 *emergente:* nach lat. *emergere* für ›auftauchen‹ bzw. ›emporsteigen‹; *Emergenz:* Die Möglichkeit, dass sich durch Neukombination von Eigenschaften oder Elementen eine neue Eigenschaft entwickelt.

26,18 *Christians:* Barbara Christian (1943–2000), Autorin, Professorin für Afro-American Studies an der University of California (Berkeley).

29,4 *Quiché:* größte indigene Bevölkerungsgruppe in Guatemala.

37,4 *Spivaks:* Gayatri Chakravorty Spivak (*1942), Direktorin des Center for Comparative Literature and Society an der Columbia University, New York, Vordenkerin der postkolonialen Theorie.

39,1 *S. 298:* Hier zitiert nach der deutschen Übersetzung, S. 84.

43,12 *Donna Haraway:* *1944, emeritierte Professorin (Feminist Studies) und Biologin an der University of California, eine der einflussreichsten feministischen Epistemologinnen, beschreibt sich selbst als »feminist, rather loosely a postmodernist«.

47,29 *Kate Millett:* 1934–2017, amerikanische Literaturwissenschaftlerin, Bildhauerin und Feministin. Ihr Buch *Sexual Politics* von 1970 ist ein Klassiker des Feminismus.

Literaturhinweise

Alcoff, Linda Martín: Visible Identities: Race, Gender, and the Self. Oxford 2006.

– Philosophy's Lost Body and Soul. Interview von George Yancy. In: The New York Times. 4. Februar 2015: https://archive.nytimes.com/opinionator.blogs.nytimes.com/2015/02/04/philosophys-lost-body-and-soul/

– Feminism, Speaking for Others, and the Role of the Philosopher: An Interview with Linda Alcoff. In: Stance. An International Undergraduate Philosophy Journal 9 (2016) S. 85–104.

– Rape and Resistance. Understanding the Complexities of Sexual Violation. Cambridge 2018.

– Philosophie und *race* als Identität [1997]. Übers. von Moritz Hellmich, Kristina Lepold und Marina Martinze Mateo. In: Kristina Lepold / Marina Martinez Mateo (Hrsg.): Critical Philosophy of Race. Ein Reader. Berlin 2021. S. 89–106.

Anzaldúa, Gloria: Borderlands – La Frontera. The New Mestiza. San Francisco 1987.

Crenshaw, Kimberlé: Die Intersektion von *race* und Geschlecht vom Rand ins Zentrum bringen: eine Schwarze feministische Kritik der Antidiskriminierung, feministischer Theorie und antirassistischer Kritik [1989]. Übers. von Jürgen Schröder. In: Kristina Lepold / Marina Martinez Mateo (Hrsg.): Critical Philosophy of Race. Ein Reader. Berlin 2021. S. 304–327.

Fricker, Miranda: Epistemic Injustice: Power and the Ethics of Knowing. Oxford 2007.

Haraway, Donna: Situiertes Wissen. Die Wissenschaftsfrage im Feminismus und das Privileg einer partialen Perspektive [1988]. Übers. von Helga Kelle. In: D. H.: Die Neuerfindung der Natur. Primaten, Cyborgs und Frauen. Frankfurt a. M. / New York 1995. S. 73–97.

Hill Collins, Patricia: Black Feminist Thought: Knowledge, Consciousness and the Politics of Empowerment. New York 2000.

hooks, bell: Talking Back. thinking feminist, thinking black. Boston 1989.

Lugones, María C. / Spelman, Elizabeth V.: Have We Got a Theory for You! Feminist Theory, Cultural Imperialism and the Demand for ›The Woman's Voice‹. In: Women's Studies International Forum 6 (1983) Nr. 6. S. 573–581.
Weeks, Kathi: Subject for a Feminist Standpoint. In: Saree Makdisi / Cesare Casarino / Rebecca Karl (Hrsg.): Marxism Beyond Marxism. New York: Routledge 1996. S. 89–118.
Zetkin, Clara: Zur Frage des Frauenwahlrechts. Bearb. nach dem Referat auf der Konferenz sozialistischer Frauen zu Mannheim. Berlin 1907.

Nachwort: Linda Alcoffs »Probleme« Versuch zur politischen Kollektivität

»The Problem of Speaking for Others« von Linda Martín Alcoff (*1955) ist einer dieser wenigen philosophischen Texte, die nach vorne gehen. Mit festem Schritt arbeitet sie sich voran, und atemlos folgt man ihr, während sich nach und nach zeigt, wo sie uns damit hinführt. Sie durchschreitet das Problem, das sie formuliert, als handele es sich um einen Wald, durch den es Pfade zu schlagen gilt, die immer wieder in die Irre führen und uns entsprechend immer wieder zwingen, neu anzusetzen. Wenn Alcoff das »Problem« erkundet, für andere zu sprechen, dann ist der Ausdruck ›Problem‹ ganz ernst gemeint: Für andere Sprechen *ist* tatsächlich ein Problem, so lernen wir von ihr, und zwar in dem Sinn, dass wir dafür keine einfachen Lösungen zu erwarten haben, sondern eben nur diese Pfade möglicher (und immer vorläufiger, immer wieder fehlgehender) Antworten ablaufen können, um das Terrain unserer Verirrung etwas besser zu überblicken und daraus womöglich neue Handlungsoptionen zu gewinnen.

Mit dieser Bewegung wendet sich Alcoff einerseits gegen diejenigen, die am Sprechen für andere gar nichts problematisch finden können, andererseits jedoch auch an diejenigen, die sich ihrer Lösungen vielleicht allzu sicher sind. So geht es bei ihrer Reflexion des Problems, für andere zu sprechen, keineswegs um Sprechverbote oder darum, Politik in Identität zu gründen, sondern um die – ebenso behutsame wie entschlossene – solidarische Arbeit an gemeinsamen Positionen. Im Kontext eines politischen Diskurses, in dem die Geste des Urteils und die Aufteilung in jene, die als ›Betroffene‹ sprechen, und jene, die ›allgemeine‹ Aussagen formulieren, häufig allzu schnell bei der Hand liegt, ist dieses geduldige und forschende Problembewusstsein Alcoffs nicht nur erfrischend, sondern stellt auch einen lohnenden Beitrag zu den oft vorschnellen und selbstgewissen Diskussionen unserer Zeit dar, einen Beitrag, von dem wir uns als politisch wie wissenschaftlich Sprechende und Handelnde unbedingt inspirieren lassen sollten.

Auch wenn wir Philosophinnen naturgemäß Probleme lieben, wird die Entfaltung des Problems, die Alcoff vorschlägt, niemals zu einem bloßen intellektuellen Spiel mit Paradoxien, sondern alles geschieht um eines praktischen politischen Anliegens willen. Dieses Verhältnis zwischen Philosophie und Praxis prägt das Denken von Alcoff bis heute. Mit ihrer Arbeit hat sie entscheidend dazu beigetragen, feministische, rassismuskritische und dekoloniale Perspektiven in die Philosophie (in ihrem engen institutionalisierten Sinn) zu bringen, und hat damit auch für die nach ihr Kommenden das Feld für neue Perspektiven und neue Problemstellungen in der akademischen Philosophie geöffnet.

In Alcoffs frühem Essay »The Problem of Speaking for Others« – 1991, noch ganz zu Beginn ihrer Karriere, veröffentlicht – zeigt sich dieses Philosophieverständnis. Zugleich kann dieser Text als einer der wichtigsten Ansätze feministischer Repräsentationstheorie überhaupt bezeichnet werden.

Worin also besteht das Problem, für andere zu sprechen? Wir brauchen und wollen doch Männer, die sich für feministische Anliegen stark machen, *weiße* Leute, die gegen Rassismus aufstehen, oder wollen Romane lesen, in denen sich etwa eine heterosexuelle Autorin mittleren Alters in die Gefühlswelt eines schwulen Teenagers hineinwagt.

Sicherlich ist das so – und doch sind mit diesem Anspruch und mit diesen verschiedenen Formen stellvertretender Rede auch Gefahren verbunden, die nicht nur den Ausgangspunkt für Alcoff im vorliegenden Text bilden, sondern im Kontext feministischer Theorie und Praxis immer wieder herausgestellt worden sind und gegenwärtig erneut im Fokus der Aufmerksamkeit stehen. Der entscheidende Ansatzpunkt dieser Kritik besteht in der auf der Hand liegenden Einsicht, dass immer dann, wenn jemand spricht, jemand anderes nicht spricht. In einer Aussage *über* andere werden diejenigen, um die es geht, zum Schweigen gebracht. Auf diese Weise wird eine Aufteilung produziert, also zwischen sprechenden Subjekten einerseits und Objekten, über die gesprochen wird, andererseits. Vor allem dann, wenn dieses Sprechen in einem Kontext der Ungleichheit geschieht, muss dies einer Emanzipation oder Stärkung derjenigen, über die gesprochen wird, offensichtlich zunächst im Weg stehen – und zwar auch dann, wenn auf inhaltlicher Ebene eigentlich das Gegenteil beabsichtigt ist. Zur Erfahrung von Ausschluss und Marginalisierung gehört ja gerade auch die Erfahrung, nicht gehört zu werden, die Erfahrung also, dass das, was man über die Welt zu sagen hat, nicht ›zählt‹. Aus diesem Grund kann die Bedeutung des Selbst-Sprechens nicht aus den Kämpfen gegen Ausschluss und Marginalisierung herausgelöst werden.

Ähnlich beschreibt die Schwarze Feministin bell hooks (1952–2021) in den autobiographisch motivierten Essays der Sammlung *Talking Back* mit Bezug auf ihre eigene Kindheit das

> Verlangen zu sprechen, eine Stimme zu haben, und zwar nicht irgendeine Stimme, sondern eine, die als zu mir gehörend identifizierbar sei. Um meine Stimme herauszubilden, musste ich sprechen, mich selbst sprechen hören [...].[1]

Dieses Verlangen hängt damit zusammen, dass selbst zu sprechen für bell hooks Bedingung dafür ist, ein Selbstverständnis als Sprechende – und das heißt: auch als Handelnde – herausbilden zu können. Nur so scheint es möglich, gegen die Bilder und Erwartungen, die an sie herangetragen werden, aufzubegehren und eigene Vorstellungen darüber, wer sie eigentlich sein könnte, zu entwickeln:

> Sprechen wird sowohl zu einer Möglichkeit der aktiven Selbst-Transformation als auch zu einem Übergangsritus, bei dem man vom Objekt zum Subjekt wird. Nur als Subjekte können wir sprechen. Als Objekte bleiben wir stimmlos. Oder wir werden von anderen definiert und interpretiert.[2]

1 hooks 1989, S. 5 f. (Übers. von M. M.).
2 hooks 1989, S. 12 (Übers. von M. M.). Vgl. hierzu auch Alcoff 2018, S. 198 f.

Sicherlich braucht es für diese Transformation auch andere, die sprechen – allerdings andere, deren Stimme in ähnlicher Weise als nicht selbstverständlich gilt. Hingegen kann das Sprechen derjenigen, die auf diesen Übergang nicht in derselben Weise angewiesen sind, weil sie gar nicht erst zu Objekten gemacht wurden, hier nur blockieren – und sei dieses Sprechen auch noch so gut gemeint.

Doch diese Art des stellvertretenden Eintretens ist nur eine von zwei Versionen dessen, was Alcoff als Problem des Für-andere-Sprechens diskutiert. Entscheidender vor allem für den breiteren theoretischen Kontext, in dem sie steht, ist vielleicht das, was ›verallgemeinerndes Sprechen‹ genannt werden könnte, also ein Sprechen, in dem Aussagen über ›alle‹ oder einfach über die ›Welt‹ formuliert werden, ohne zu spezifizieren, aus welcher Perspektive oder aus welchen Interessen oder Erfahrungen heraus diese Aussagen entstehen. In Aussagen wie »Die Familie ist eine Institution der Liebe« spreche ich (vielleicht ohne mir dessen bewusst zu sein), auch für diejenigen, die womöglich aus dem Grund, dass sie ganz andere Dinge erfahren haben als ich, zu völlig anderen Aussagen kommen würden. Das Problem besteht dabei jedoch nicht darin, dass sie zu anderen Aussagen kommen würden, sondern darin, dass in einer unreflektierten Suche nach Allgemeinheit oder Objektivität gar kein Platz für eine Pluralität von Perspektiven vorgesehen ist.

Vor allem die feministische Epistemologie und Standpunkttheorie hat hierauf hingewiesen und dabei problematisiert, dass eine solche Suche nach Objektivität *bestimmte* Positionen (ohne sie als solche auszuweisen) verallgemeinert und dabei über andere und deren Positionen und Perspektiven hinwegfegt. Die Kritik gilt dabei zunächst der

Form der unmarkierten allgemeinen Aussage selbst, die ihre eigene Perspektive nicht benennt und nicht die Begrenzungen der Sicht reflektiert, die mit ihr einhergehen, sondern sich durch »strenge methodische Regeln [...] von den Werten, Interessen und Emotionen zu distanzieren« versucht, »die aus Klasse, *race*, Geschlecht oder aus ihrer besonderen Situation hervorgehen«, um sich in der (illusorischen) Distanz nichtinvolvierter »dekontextualisierter« Neutralität zu halten – so die feministische Standpunkttheoretikerin Patricia Hill Collins (*1948).[3] In dieser Distanzierung gründet das, was Donna Haraway (*1944) den »göttlichen Trick, alles von nirgendwo aus sehen zu können«[4], nennt. Auch die Philosophie kennt einen solchen Trick, wie Linda Alcoff in einem Interview hervorhebt, obgleich er für diese etwas anders funktioniert als im Rahmen standardisierter naturwissenschaftlicher Methoden:

> Philosophinnen und Philosophen fast aller Schulen – analytisch, kontinental, pragmatistisch – streben nach allgemeinen und verallgemeinerbaren Theorien, die menschliche Erfahrungen aller Art erklären können. [...] Dies wird in der Regel im Rahmen eines dekontextualisierten Ansatzes verfolgt, als ob die besten Antworten für alle gelten würden. Um auf diese Metaebene der Allgemeinheit zu gelangen, müssen einige Aspekte des eigenen Kontextes beiseitegelegt, abgetrennt, aus dem Bild herausgeschnitten werden, und damit ist traditionell die konkrete Materialität der menschlichen Existenz

3 Hill Collins 2000, S. 274.
4 Haraway 1995 [1988], S. 81.

> gemeint, wie wir sie in verkörperter menschlicher Form tatsächlich erleben. Dies ist nur eine Weise zu sagen, dass der Körper ignoriert werden *musste*, es sei denn, man könnte sich vorstellen, dass unsere Körper im Wesentlichen gleich seien. Doch um diesen Trick, dieses Kunststück der Vorstellungskraft zu vollbringen – sich nämlich vorzustellen, dass all unsere wilde Vielfalt der Verkörperung irrelevant sei –, war ein Selbstbetrug erforderlich, der sich im gesamten Kanon finden lässt: rassistische Nebenbemerkungen und lächerliche Theorien über Frauen neben allgemeinen Verlautbarungen über Gerechtigkeit und Schönheit und den Weg zur Wahrheit.[5]

Die Philosophie kommt in ihrer kanonisierten Tradition also dadurch zu ihrer Allgemeinheit (also zu der Annahme, dass ihre Aussagen ohne sozialen oder historischen Kontext gelten könnten), dass sie nicht nur die lebendige Verortung und Besonderheit der sprechenden Philosophen als irrelevant erklärt, sondern das Spezifische und Vielfältige verkörperter menschlicher Existenz *überhaupt* ausblendet. Insofern sie nach allgemeinen Aussagen sucht, könne die Philosophie menschliche Existenz nur als Abstraktum begreifen, nur indem sie die Menschen als Gleiche voraussetzt. Auf diese Weise kommen auf der anderen Seite die Unterschiede, die sich dieser Abstraktion widersetzen, in Form des Ausschlusses wieder ins Spiel: Dass die kanonisierte Philosophiegeschichte nicht nur voller allgemeiner Aussagen etwa über ›die‹ Vernunft, sondern auch voller Erklärungen steckt, dass vielleicht doch nicht alle *gleichermaßen* vollwertig vernünf-

5 Alcoff 2015 (Übers. von M. M.).

tig sind, ist insofern kein Zufall: Allgemeinheit (zumindest eine Allgemeinheit *dieser* Art) bedeutet Ausschluss.[6]

Auf diesen Punkt bezieht sich die entscheidende politische Kritik feministischer Epistemologie: Mit dem »göttlichen Trick« ist zugleich der Ausschluss all derjenigen verbunden, deren Körper sich im Unterschied zum *weißen*, männlichen Körper, der als unmarkiert und neutral erscheint, eben doch als relevant erweisen. Deshalb ist gerade von feministischer Seite, das heißt von denjenigen, die in der Neutralität des Wissens nicht mitgemeint waren, infrage gestellt worden, ob Wissen überhaupt neutral sein kann. Auf der Grundlage dieser Kritik haben feministische Standpunkttheoretikerinnen für ein anderes Verständnis von Wissen und seiner Produktion argumentiert, das die Partialität und Besonderheit der spezifischen sozialen Position, von der aus man spricht, ins Zentrum der Überlegungen stellt und Erkenntnis als involviert und verortet begreift. Dies bedeutet allerdings nicht, dass Erkenntnis *direkt* aus der sozialen Verortung abgeleitet werden könnte: Standpunkte müssen erst entwickelt und sich angeeignet werden, sie sind nicht gegeben.[7] Über die Pluralität von Standpunkten kann ein dialogischer Prozess entstehen, der Erkenntnis erst ermöglicht:

> Jede Gruppe nutzt jene erkenntnistheoretischen Ansätze, die aus ihrem eigenen Standpunkt erwachsen und zu den ›objektivsten‹ Wahrheiten werden. Jede Gruppe

6 Genauer führt Alcoff dies in ihrem Aufsatz »Philosophie und *race* als Identität« (2021 [1997], insb. S. 89–93) aus.

7 Weeks 1996.

> spricht von ihrem eigenen Standpunkt aus und teilt ihr eigenes partielles, situiertes Wissen. Da aber jede Gruppe ihre eigene Wahrheit als partiell empfindet, ist ihr Wissen unabgeschlossen. Jede Gruppe wird besser in der Lage sein, die Standpunkte anderer Gruppen zu berücksichtigen, ohne die Einzigartigkeit ihres eigenen Standpunkts aufzugeben oder die partiellen Perspektiven anderer Gruppen zu unterdrücken.[8]

Durch diesen dialogischen Prozess geteilter Partialität – oder, wie es Donna Haraway ausdrückt: durch eine »Vielfalt partialen, verortbaren, kritischen Wissens, das die Möglichkeit von Netzwerken aufrechterhält, die in der Politik Solidarität und in der Epistemologie Diskussionszusammenhänge genannt werden«[9] – können ›bessere‹ Wahrheiten entstehen, die einerseits konkret die verschiedenen Sichtweisen, die ihnen zugrunde liegen, reflektieren sowie andererseits für die praktischen Implikationen und Konsequenzen dieser Wahrheiten sensibel bleiben können. Pluralität ist also gerade nicht relativistisch, sondern dialogisch. Dieser Prozess und diese neuen Wahrheiten können allerdings nur entstehen, wenn wir uns von dem Trick losreißen, dass es den neutralen »Blick von nirgendwo« gäbe, der den Glauben produziert, man könne die eigene soziale Position unproblematisch überschreiten. Von hier aus – um wieder auf Alcoff zurückzukommen – erscheint es nicht nur politisch, sondern auch epistemisch relevant, wer spricht und wer zuhört, wer widersprechen kann und wel-

8 Hill Collins 2000, S. 290 (Übers. von M. M.).
9 Haraway 1995 [1988], S. 84.

che Ausschlüsse und Ungleichheiten sich in dieser Sprechsituation manifestieren. Dies geht alles unmittelbar in die Bedeutung und den Wahrheitsgehalt der Aussage ein.

Das Problem der Identität

Auch wenn Alcoff diese Ansätze der feministischen Epistemologie teilt und in vielerlei Hinsicht selbst mitentwickelt hat, stellt für sie die Anerkennung der Tatsache, dass Erkenntnis in der sozialen Erfahrung ihren Ausgangspunkt hat, zumindest nicht direkt eine Lösung dar. Sie ist vielmehr ein Zwischenschritt, der seinerseits wieder neue Probleme aufwirft. Denn es bleibt letztlich unklar, wie genau eine soziale Position zu bestimmen ist und in welchem Verhältnis sie zur Formulierung von Standpunkten steht – wie Alcoff mit Bezug auf ihre eigene Biographie ausführt: Als Kind eines panamaischen Vaters und einer *weißen* »Anglo«-Mutter in Panama geboren, lebte sie von ihrer Kindheit an mit ihrer Mutter in den USA.[10]

> Das Kriterium der Gruppenidentität wirft viele offene Fragen für eine Person wie mich auf, da ich mehreren einander entgegenstehenden Gruppen angehöre, wobei meine Zugehörigkeit zu allen jeweils problematisch ist. (S. 11)

Auch in ihrem Buch *Visible Identities* (2006) widmet sie sich dieser »problematischen«, also nicht selbstverständli-

10 Alcoff 2021 [1997], S. 97.

chen Mitgliedschaft, indem sie die Identitätskategorie »Latina« analysiert:

> Wir passen einfach nicht. […] Wir haben keine homogene Kultur, wir kommen in jeder denkbaren Farbe, und Identitäten wie ›Mestiza‹ sagen nichts anderes aus als die völlige Abwesenheit von Abgrenzungen[11].

Entscheidend ist dabei vor allem die Erfahrung der Migration (»Latinx« bezieht sich in diesem Kontext auf Personen mit lateinamerikanischer Geschichte, die in den USA leben), mit der auch die Verschiebung von Identitätskategorien und die Erfahrung, mehr als eine Person (und nie vollständig) zu sein, einhergeht. Genau diese Perspektive der Nichtpassung macht die Arbeiten von Latinx-Philosophinnen und Chicana-Feministinnen, die aus einer lateinamerikanischen bzw. mexikanischen Perspektive in den USA schreiben (und zu deren Integrierung in die philosophische Lehre der US-Universitäten Linda Alcoff nicht unwesentlich beigetragen hat), so wertvoll für die Diskussion um soziale Identität. Autorinnen und Philosophinnen wie Gloria Anzaldúa (1942–2004), María Lugones (1944–2020), Cherríe Moraga (*1952) und Chela Sandoval (*1956) haben, indem sie von ihrer eigenen Erfahrung ausgehen, immer wieder hervorgehoben, dass jede Identitätskategorie einen Bruch produziert, der eine andere Seite von ihnen abtrennt und ausschließt.

Genau aus diesem Grund spielt der Begriff »Borderland« von Gloria Anzaldúa für Chicana-Feminist:innen eine so große Rolle: Die Grenze trennt in dieser Perspektive nicht

11 Alcoff 2006, S. 229 (Übers. von M. M.).

nur ein Innen von einem Außen ab, sondern geht direkt durch uns hindurch. Das Innen und das Außen sind gleichermaßen Teile der eigenen Identität und verschieben sich, je nachdem auf welcher Seite der Grenze wir gerade stehen, so dass wir immer in zwei Teile gerissen sind. Während ich im deutschen Kontext als Migrantin spreche (manchmal willentlich, manchmal weil es mir zugesprochen wird), bin ich in den USA automatisch die Deutsche. Und wenn ich meine Familie besuche, ist mein etwas kindlich-dümmliches Spanisch oder Katalanisch gern gesehener Anlass für Späße. Die Tatsache, dass diese Identität (welche auch immer das dann meint) ständig infrage steht und die Realität nie ganz trifft, produziert eine Spaltung und fundamentale Nichtzugehörigkeit. Diese Negativität – die Erfahrung der Nichtpassung, die Unfähigkeit, auf die Frage, wo man herkommt, eine zufriedenstellende Antwort zu geben, das Gefühl, so etwas wie die ›eigene‹ Sprache verloren zu haben –[12] ist womöglich das Einzige, das über meine migrantische Identität positiv ausgesagt werden kann. Doch aus einer solchen Bestimmung lässt sich offenbar keine Position (zumindest nicht unmittelbar) ableiten.

Diese Einsicht, die aus der Erfahrung der Migration gewonnen werden kann, gilt womöglich für jede soziale Identität. Denn: Was soll es bedeuten, als ›Betroffene‹ zu sprechen? Wer oder was ist diese Stimme? Und warum sollte es überhaupt eine vereinende ›Stimme der Betroffenen‹ geben? Die Vorstellung etwa, dass es die Gruppe ›der‹ Frauen als eine Sammlung von Personen gäbe, die ihrerseits auch nur irgendwie eine miteinander vergleichbare soziale Posi-

12 Anzaldúa 1987, S. 55 f.

tion teilen, ist schon häufig genug (und von feministischen Standpunkttheoretikerinnen selbst) infrage gestellt worden. Dadurch zieht sich auch das Problem des ›Privilegs‹ mitten durch diese scheinbar homogene Gruppe hindurch. Dies haben schon sozialistische Feministinnen wie Clara Zetkin (1857–1933) betont:

> Der Klassen- und Interessengegensatz zwischen den bürgerlichen Frauen einerseits, den Proletarierinnen anderseits schließt es aus, daß eine einige und ungeteilte Frauenbewegung hoch über dem Schmutz der Parteikämpfe in den Wolken makelloser Gerechtigkeit und Unparteilichkeit thront und mit segnender Hand auch den Proletarierinnen ihr Recht spenden wird.[13]

Und ähnlich haben Schwarze Feministinnen wie Kimberlé Crenshaw (*1959) hervorgehoben, dass der Ausschluss Schwarzer Frauen in der feministischen Theorie verstärkt wird, »wenn weiße Frauen *für und als Frauen sprechen*«.[14] Jede soziale Identität ist nicht nur von den verschiedensten Brüchen und Nichtentsprechungen, sondern auch von einer Heterogenität sozialer Positionen durchzogen, die mal mehr, mal weniger als privilegiert gelten können. Jede Bezugnahme auf eine geteilte Erfahrung enthält insofern (wiederum) eine Generalisierung – und das bedeutet (wiederum), dass diejenigen, die sprechen, aus ihren eigenen sehr partikularen Verkörperungen heraus dazu beitragen, dass andere Verkörperungen dieser (vermeintlichen) sozia-

13 Zetkin 1907, S. 13.
14 Crenshaw 2021 [1989], S. 309.

len Identität in den Hintergrund treten. So setzt jedes Wir – unabhängig davon, ob es sich um ein universelles oder ein partikulares, ein unterdrückerisches oder ein unterdrücktes Wir handelt – Formen des Für-Sprechens voraus und ruft die damit verbundenen Probleme auf, indem dadurch *bestimmte* Erfahrungen ins Zentrum rücken, die nicht für alle Teil der Lebensrealität sind.

Mit diesem Problem ist die strukturelle Gefahr verbunden, dass manche Perspektiven und Erfahrungen nicht genug zählen, um ins Wir aufgenommen zu werden: Ich kann als migrantische Frau sprechen und dabei vergessen, dass meine akademisch geschulte Stimme viele andere Stimmen unhörbar macht; und wenn ich spreche, dann kann meine Erfahrung, durch eine Welt zu gehen, in der mein Körper als funktionsfähig gilt, das, was diejenigen zu sagen haben, deren Körper mit Barrieren zu kämpfen haben, an die Ränder unseres Kollektivs drängen. Es gibt keinen Ort, von dem aus ohne Privileg gesprochen werden kann, und insofern keine unschuldige, das heißt vollständig inklusive, Bezugnahme auf eine gemeinsame Erfahrung.

Das Problem der ersten Person Singular

Wenn aber jedes Wir eine Dimension der Fürsprache enthält und jede Fürsprache (potentiell) gewaltförmig ist, dann sollte die Konsequenz womöglich darin bestehen, das ›Wir‹ ganz aufzugeben und sowohl Politik als auch die Produktion von Wissen in die erste Person Singular zu verlegen – und genau das ist einer der weiteren Pfade, die Alcoff in ihrem Aufsatz abläuft, um sich der Frage zu stellen, wo sie uns hinführen und an welcher Stelle sie uns zurücklassen. Der Vorschlag, den sie hier beschreibt, beansprucht, in der Äußerung einer Position und Perspektive *gar nicht* erst zu verallgemeinern. Das bedeutet, der Vorstellung zu widerstehen, dass andere Personen von vergleichbaren Erfahrungen zu berichten hätten, nur weil sie, in welcher Hinsicht auch immer, scheinbar so etwas wie eine soziale Identität mit mir teilen. Stattdessen plädieren die Verteidiger und Verteidigerinnen der ersten Person Singular (Alcoff bezieht sich hier auf Joyce Trebilcot) dafür, stets bei der eigenen Erfahrung und dem persönlichen Bericht zu bleiben. Was sind aber die Probleme bei diesem Ansatz?

Nun – man könnte hier die eben eingenommene Perspektive umdrehen und betonen, dass sich Macht- und Herrschaftsverhältnisse nicht unbedingt nur darin äußern, dass jemandem keine Stimme zugesprochen oder jemand nicht angehört wird, sondern womöglich auch (und womöglich sogar gleichzeitig) darin, dass die eigene persönliche Erfahrung immer wieder von neuem in den Vordergrund geschoben wird, und zwar selbst dann, wenn man sich eigentlich gerne mit anderen Dingen beschäftigen würde. So mag die Erfahrung von Rassismus gerade auch die Erwartung beinhalten, dass man immer wieder aufs Neue von dieser Erfahrung berichtet – und zwar bitte immer in der ersten Person, damit es auch glaubhaft und mitreißend wirkt.

Beides (also sowohl die Marginalisierung einer Position als auch die Hervorkehrung des Erste-Person-Wissens) geschieht deshalb womöglich gleichzeitig, weil Letzteres letztlich die Kehrseite von Ersterem ist: Aus der vermeintlichen Allgemeinheit des Wir ausgeschlossen zu sein, bedeutet nicht unbedingt nur, in die Sprachlosigkeit verwiesen zu werden, sondern kann sich auch darin äußern, in die erste Person eingesperrt zu werden. Indem immer wieder die Perspektive der ersten Person Singular hervorgehoben wird, wird die Trennung von Theorie und Erfahrung, von allgemein und besonders, von Normalität und Ausnahme gerade aufrechterhalten und vertieft.

Dass der Anspruch, (nur) für sich selbst zu sprechen, auch gefährlich sein kann, und zwar einerseits, insofern es sich dabei nicht notwendig um einen Befreiungsakt handelt, und andererseits, insofern darin auch ein ganz eigenes Gewalt- und Verletzungspotential enthalten ist, hat Alcoff 2018 in *Rape and Resistance* beschrieben. Im letzten Kapitel ihres Buches (»The Problem of Speaking for Myself«) greift sie das Motto ihres frühen Aufsatzes wieder auf, um konkret die erste Person Singular im Sprechen als Überlebende von Missbrauch und sexueller Gewalt zu problematisieren.

Dabei geht sie zunächst von einem dominanten Imperativ zu einem »Brechen des Schweigens« aus, der sich bei medizinischem und juristischem Personal, aber auch bei wohlmeinenden Begleitpersonen findet. Dieser Imperativ und die damit einhergehende Fokussierung auf die Gefühle und die innere Erfahrung der Überlebenden kann für die betreffende Person schmerzhaft sein und retraumatisierend wirken. Darüber hinaus aber wendet sich der Diskurs dadurch auch von den Handlungen der Täter und den sozialen Strukturen ab, die diese ermöglicht haben: »Die Diskussion über das ›innere‹ Selbst und die Gefühle der Überlebenden ersetzt eher die Bemühungen um gesellschaftliche Veränderung, als dass sie diese ermöglichten.«[15] Zu dieser Gefahr ei-

15 Alcoff 2018, S. 195 (Übers. von M. M.).

ner Entpolitisierung gesellt sich auch die Tatsache hinzu, dass diese Erfahrung dem betreffenden Subjekt selbst womöglich gar nicht verfügbar ist. Eine traumatische Erfahrung kann das eigene Weltbild erschüttern und sich gerade in der Unfähigkeit äußern, diese Erfahrung selbst zu begreifen. Trauma kann sich darin äußern, dass einem die Instrumente fehlen, um dieser Erfahrung eine Deutung und einen Platz in der eigenen Biographie zu geben. Deshalb braucht es gerade auch unterstützende, dialogische Kontexte, also andere Personen, die dazu beitragen können, Analyseinstrumente und Erzählungen bzw. Narrative zu entwickeln:

> Die Selbsthilfegruppen für Überlebende, an denen ich im Laufe der Jahre teilgenommen habe, waren nicht nur eine Möglichkeit, meine Geschichte zu erzählen, sondern auch eine Chance, meine Erfahrungen zu analysieren und die Weise, wie ich meine Geschichte verstand, zu überdenken. Sie halfen mir, als Theoretikerin meiner eigenen Erfahrung zu agieren.[16]

Dies gilt nicht nur im Kontext von Trauma, sondern für jeden autonarrativen Bericht und jede autobiographische Erinnerung, so betont Alcoff weiter. Immer bleiben wir von den Berichten und Deutungen der anderen abhängig, die den eigenen Bericht stets mitformen. Umgekehrt bedeutet das aber auch, dass mein Bericht in der ersten Person Singular auch die Erzählungen und Verständnisse der anderen formen wird: Wenn das, was ich über meine Erfahrung sagen kann, durch Begriffe, Rahmungen und Deutungen ge-

16 Ebd., S. 199 (Übers. von M. M.).

prägt wird, die ich mir nicht alleine ausdenken kann, sondern von anderen (mit-)entwickelt werden, dann ist es umgekehrt kaum möglich, mit den Worten und Darstellungsformen, die ich für meine Erfahrung finde, andere *nicht* zu beeinflussen. Damit können jedoch eine solche dialogische Situation und der jeweilige subjektive Bericht auch nicht einfach als risikofrei oder unschuldig gelten, denn die Rahmungen und Deutungsvorschläge der einen können für die anderen wiederum blockierend, irreführend oder gar retraumatisierend werden – wie Alcoff in »The Problem of Speaking for Others« ebenfalls anhand des Beispiels einer Selbsthilfegruppe betont:

> Selbst wenn die Sprecherin dutzende Vorbehalte liefert, die ihre Sicht auf ihre Verortung beschränken, wird sie dennoch die andere Frau in ihrer Fähigkeit beeinflussen, ihre Erfahrung und ihre Reaktion auf diese Erfahrung in Worte zu fassen und zu interpretieren. (S. 34)

Dass wir, um eine Erfahrung angemessen erkennen, verstehen und gegebenenfalls kritisieren zu können, auf Begriffe (konzeptuelle Ressourcen) angewiesen sind, die dieser Erfahrung angemessen sind, ist in den letzten Jahren durch den Begriff der »hermeneutischen Ungerechtigkeit« von der feministischen Epistemologin Miranda Fricker (*1966) prominent gemacht worden.[17] »Ungerecht« wird dieses Angewiesensein, wenn die Tatsache, dass keine angemessenen konzeptuellen Ressourcen verfügbar sind, Ausdruck einer sozialen Benachteiligung ist, die auf ebendiese Weise

17 Fricker 2007, Kap. 7.

wieder reproduziert wird. Fricker erläutert dieses Problem unter anderem anhand der Kategorie der »sexuellen Belästigung«, durch die der sogenannte Klaps auf den Po oder der anzügliche Kommentar vom Chef überhaupt als problematische Erfahrung benannt werden können. Solange die Kategorien zur Beschreibung einer Erfahrung fehlen, läuft sie einfach als unbemerkter, nicht nennenswerter Teil der Normalität mit. So werden Erfahrungen durch die Weisen geformt, in denen über sie gesprochen wird, weil dadurch konzeptuelle Ressourcen entwickelt, erprobt, vorgeschlagen und potentiell etabliert werden.

In der #MeToo-Bewegung zeigt sich deutlich, wie wichtig die Berichte der anderen sind: Zwar bildete sich die Bewegung aus einer bloßen Ansammlung von Einzelstimmen, die alle jeweils nur von eigenen Erfahrungen berichteten, ohne dabei ein Kollektiv zu adressieren oder vorauszusetzen. Die Struktur war vielmehr ein unbestimmtes ›auch‹: »›Auch ich‹ habe von einer Erfahrung zu berichten« (und der unausgesprochene Zusatz lautete »... die womöglich auch für dich von Relevanz ist«). Zugleich aber hat diese Sammlung von Einzelberichten in der ersten Person Singular das Sprechen über das Verhältnis von Sexualität und Gewalt entscheidend verschoben, und entsprechend hat sich dabei auch verschoben, welche Situationen als gewalttätig und nicht etwa einfach als ›schlechter Sex‹ oder ›offensives Flirten‹ gelten. Das Sprechen von Einzelnen in der ersten Person hat hier massiven Einfluss auf die Erfahrung und das Sprechen von anderen gehabt.

Am Beispiel von #MeToo lassen sich allerdings auch noch zwei weitere Aspekte diskutieren, die auf die Probleme des Sprechens in der ersten Person verweisen.

Erstens: Dieser Fokus auf den subjektiven Bericht liefert keine Garantie, dass manche Stimmen nicht an den Rand gedrängt werden. So war es die Schwarze Feministin Tarana Burke (*1973), die 2006 schon die Wendung »Me Too« für den Bericht von sexueller Gewalt in die sozialen Medien einführte. Diese Tatsache verschwand vollkommen aus der öffentlichen Aufmerksamkeit, als die *weiße* Schauspielerin Alyssa Milano (*1972) 2017 den Hashtag #MeToo bei Twitter bekannt machte. In einem unregulierten Markt diverser Stimmen gibt es – wie das in unregulierten Märkten eben üblich ist – *keinerlei* Gleichwertigkeit oder gar Gerechtigkeit: Manche Stimmen und Perspektiven stehen im Fokus der Aufmerksamkeit, während andere systematisch vernachlässigt und vergessen werden.

Zweitens: Aus ebendiesem Grund, dass der subjektive Bericht im Zentrum steht, lässt sich #MeToo nicht im starken Sinn als ›Bewegung‹ verstehen (und hat dies offenbar auch für sich nie beansprucht), dass man von einem Kollektiv sprechen könne, in dem es um die Formulierung gemeinsamer Positionen und Anliegen ginge.

Eine solche Verweigerung des ›Wir‹ bedeutet aber auch die Verweigerung einer Selbstreflexion und Analyse darüber, welche Perspektiven, Differenzen, Hierarchien und Voraussetzungen innerhalb einer Gruppe bestehen und wirksam sind und welche weiteren Implikationen und Konsequenzen ihre Handlungen und Äußerungen entfalten können. Hingegen werden die politische Wirkungskraft und die Bedeutung dieser Sammlung von Berichten vollständig der (ökonomischen) Logik der Plattform überlassen, auf denen sie stattfindet.

Füreinander Sprechen

Auch wenn die Gefahren des Für-Sprechens und verallgemeinernden Sprechens – die Gefahren von Wir-Formulierungen überhaupt – ernstgenommen werden müssen, kann das Sprechen in der ersten Person Singular dem nichts entgegensetzen, das irgendwie zufriedenstellen könnte. Um politisches Handeln zu ermöglichen, ist Füreinander-Sprechen unvermeidbar, so Alcoff. Das Argument der politischen Wirksamkeit steht dabei für sie im Zentrum: Wenn dem Problem des Für-Sprechens ausschließlich kritisch begegnet wird, dann drohen wir die politische Handlungsfähigkeit zu verlieren. Sie setzt dabei unausgesprochen voraus, dass wirkungsvolles politisches Handeln von einem Wir ausgehen muss, das es im und durch den politischen Prozess zu bilden gilt: »Sowohl kollektive Handlung als auch Koalitionen scheinen die Möglichkeit des Für-Sprechens vorauszusetzen« (S. 18).

In einem Interview von 2016 erläutert Alcoff genauer, was sie mit dieser Idee von kollektiver Handlung und Koalitionen (und damit auch: mit ihrer Idee von politischer Wirksamkeit) meint, indem sie von einem Streik an ihrer ehemaligen Universität berichtet. Obgleich der Streik im Grunde von den Hausmeisterinnen und Kantinenmitarbeitern sowie vom Reinigungspersonal ausging, schlossen sich auch die Lehrenden und Studierenden unmittelbar an, so dass es für die Universität unmöglich wurde, den Streik zu ignorieren. Sie hätten

> ihre Jobs an Subunternehmer vergeben und die Gewerkschaft loswerden können und alles wäre gut gewesen.

> Doch setzten sich die Lehrkräfte nicht einfach über den Streik hinweg, und auch die Studierenden beteiligten sich. Wir haben uns geweigert, auf dem Campus zu unterrichten, und wir nahmen an den Demonstrationen, den Streikposten und den Kundgebungen teil. Der Streik wurde innerhalb einer Woche gewonnen. Sie mussten nur eine Woche lang streiken, aber das lag daran, dass wir gruppenübergreifend solidarisch waren.[18]

Nur deshalb, weil auch jene gesprochen und sich eingebracht haben, die nicht direkt von den schlechten Arbeitsbedingungen betroffen waren, gegen die gestreikt wurde; nur weil in dieser Situation aus den unterschiedlichen Betroffenheiten heraus durch Solidarisierung ein ›Wir‹ gemeinsamen Handelns entstehen konnte, konnte der Streik erfolgreich sein. Gerade *weil* etwa die Professorinnen nicht betroffen, sondern im Vergleich zu den Streikenden privilegiert waren, konnte ihre Beteiligung einen Effekt eigener Art haben. Sie konnten dem Streik eine größere Sichtbarkeit gewährleisten, einen größeren Druck auf die Universitätsleitung ausüben – die Professoren waren eben nicht so leicht ersetzbar und konnten dieses Privileg im Sinne des Streiks einsetzen. Das so entstandene ›Wir‹ hat sich nach der Aktion wahrscheinlich unmittelbar wieder aufgelöst oder konnte vielleicht in anderer Konstellation unter anderen Bedingungen weiterleben (möglicherweise hat die ganze Geschichte bei Einzelnen eine Politisierung bewirkt, die sich an anderer Stelle von neuem äußern sollte), doch hat dieses ›Wir‹ zumindest *einmal* als Kollektiv handeln können.

18 Alcoff 2016, S. 96 (Übers. von M. M.).

Wenn Alcoff also ihren Aufsatz »The Problem of Speaking for Others« mit vier ›Diskursregeln‹ beendet, um die Notwendigkeit des Für-Sprechens auf die beste und möglichst gewaltfreie Weise zu organisieren, dann muss das vor dem Hintergrund ihrer Konzentration auf die politische Praxis verstanden werden. Es geht ihr nicht darum, eine allgemeine Theorie von Repräsentation und Partizipation zu entwickeln oder Prinzipien aufzustellen, nach denen sich etwa eine diskursive Öffentlichkeit gestalten ließe, sondern ihr geht es ganz konkret darum, zu fragen, was notwendig ist, um (vielleicht kurzzeitige, vielleicht länger andauernde) Formen der politischen Kollektivbildung zu ermöglichen. Dies müssten Kollektive sein, die auf der einen Seite in der Lage sind, gemeinsam politisch zu handeln, und die auf der anderen Seite sensibel für die inneren Hierarchien und Ausschlüsse, für die kontextuelle Bedingtheit und die Prozesse der Konstruktion, die sie voraussetzen, sowie für die damit einhergehende Zerbrechlichkeit bleiben. Alcoffs Adressatinnen sind potentielle Verbündete, mit denen man sich zumindest grundsätzlich oder potentiell oder teilweise auf gemeinsamem politischen Boden bewegen könnte. Das erklärt womöglich den Grundton ihrer Vorschläge, mit denen sie vor allem auf Selbstreflexion und Einsicht setzt. Alcoff ist wohl nicht der Meinung, dass sich das Problem, das sie für uns entfaltet hat, dadurch einfach auflösen lässt, dass alle nur ein bisschen mehr ihr eigenes Verhalten, ihre Motivationen und die Wirkungen ihrer Handlungen reflektieren und etwas mehr Empathie füreinander zeigen (nicht, dass das nichts Gutes sei oder dass damit nicht sehr viel getan wäre, doch müsste man offenbar noch deutlich weitergehend ausführen, wie ein solcher idealer Diskurs überhaupt zu ermöglichen wäre).

Vielmehr geht es ihr darum, Grundlagen vorzuschlagen, um das Problem des Für-Sprechens auf eine Weise in die Praxis zu überführen, dass es dem – wie sie voraussetzt: innerhalb verschiedener linker Bewegungen geteilten – Wunsch nach Solidarität und gemeinsamem politischem Handeln nicht im Weg steht. Dies wird weder dadurch ermöglicht, dass Regeln aufgestellt werden, wer wann für wen sprechen darf, noch dadurch, dass über das Problem des Für-Sprechens einfach hinweggegangen wird, sondern nur durch eine konkrete und immer wieder von Situation zu Situation neu zu erprobende Sensibilisierung für den Kontext der Rede und die eigene Position in diesem Kontext. Dazu gehört auch, denjenigen gegenüber zugewandt und aufmerksam zu bleiben, die ihre Perspektiven in meiner Rede vielleicht nicht angemessen repräsentiert sehen.

Gleichzeitig muss dieser Ansatz auch die Möglichkeit umfassen, Kritik an Positionen zu äußern, die aus ›Betroffenen‹-Perspektive sprechen, insofern diese, wie wir gesehen haben, ja selbst auf einer ausschließenden Generalisierung beruht und durch politische Prozesse zustande kommt. Ich bin aus meiner Position als Frau heraus mit vielem, was andere Personen sagen und mit ihrer Erfahrung als Frau begründen, überhaupt nicht einverstanden und würde auch von feministisch denkenden Männern erwarten, dass sie diesen Positionen kritisch begegnen – obgleich ich *auch* von ihnen erwarten würde, dass sie sich in ihrer Kritik immer wieder bewusst machen, dass sie zu der Erfahrung selbst nichts sagen können.

So banal es auch klingen mag: Die politische Brauchbarkeit und der Wahrheitsgehalt einer für-sprechenden oder verallgemeinernden Aussage hängen dann eben doch auch davon ab, *was* gesagt wird. Der Inhalt bezieht hier allerdings nicht nur den objektiven, sondern auch sozusagen den reflexiven Gehalt ein, also die Art und Weise, wie wir uns in dieser Rede selbst in den Blick nehmen.

Damit ist gerade nicht, wie Alcoff unterstreicht, die Praxis der Disclaimer gemeint, vor dem Sprechen also zuerst einmal offenzulegen, aus welcher sozialen Position heraus man spricht. Eine solche Praxis kann eher in die Irre führen, weil sie den Eindruck erweckt, man hätte sich schon deshalb von den Implikationen dieser Position bereinigt, weil man sie einmal ausgesprochen hat. Vielmehr muss es um eine tatsächliche Analyse der Position und ihrer (potentiellen) Konsequenzen gehen, die dann tatsächlich auch in die Rede eingeht. Dies gilt für alle Beteiligten gleichermaßen, also sowohl für die vermeintlich ›Betroffenen‹ als auch für die vermeintlich ›Nichtbetroffenen‹ (was auch immer das bedeutet), wenngleich – je nach jeweiliger Verortung – in unterschiedlicher Weise. ›Alle Beteiligten‹ meint dabei auch, dass Alcoff ein Füreinander-Sprechen im Kontext einer gemeinsamen Gesprächssituation (eines »*Miteinander*-Sprechens«) sieht und dem Miteinander daher immer den Vorzug gibt.

Dennoch wirken Alcoffs Hinweise an dieser Stelle vielleicht etwas zu einfach und dieses »Miteinander« ein wenig zu harmonisch. Schließlich setzt Miteinander-Sprechen zunächst eine gemeinsame Sprache voraus – und eine solche gemeinsame Sprache ist vielleicht weniger selbstverständlich gegeben, als Alcoff anzunehmen scheint. Die verschiedenen Stimmen, die in dieses solidarische Bündnis der Differenzen eintreten, sind möglicherweise einander unverständlich und vielleicht nicht einmal unmittelbar ineinander übersetzbar.

Umgekehrt steht die Beantwortung der Frage, in welcher Sprache wir uns verständigen, nicht unabhängig von der Beantwortung der Frage, wessen Sprechen dominiert – und doch wird diese Frage nicht einfach dadurch beantwortet, dass wir alle anfangen zu sprechen. Dies betonen die feministischen Philosophinnen María Lugones und Elizabeth Spelman in ihrem gemeinsamen Essay »Have We Got a Theory for You«:[19]

> Wir sprechen nicht dieselbe Sprache. Wenn wir mit euch sprechen, benutzen wir eure Sprache: die Sprache eurer Erfahrungen und eurer Theorien. Wir versuchen, sie zu benutzen, um unsere Erfahrungswelt zu vermitteln. Da eure Sprache und eure Theorien aber nicht ausreichen, um unsere Erfahrungen auszudrücken, gelingt es uns nur, unsere Erfahrung der Exklusion mitzuteilen. Wir können mit euch nicht in unserer Sprache sprechen, weil ihr sie nicht versteht. [...] [E]ntweder benutzen wir eure Sprache und verzerren unsere Erfahrung nicht nur im Sprechen, sondern im Leben, oder [...] wir schweigen.

Wenn die Sprache der Philosophie etwa durch Formen des Ausschlusses charakterisiert ist, kann alles, was in dieser Sprache geäußert wird, höchstens diesen Ausschluss benennen – dem Ausschluss jedoch nicht (positiv) etwas entgegensetzen. Wenn wir aber nicht die Sprache der Philoso-

19 Lugones/Spelman 1983, S. 575 (Übers. von M. M.).

phie, sondern eine andere Sprache sprechen, dann werden wir innerhalb der Philosophie wohl nicht verstanden werden, also im Ausschluss bleiben.

Doch ist alles wohl noch komplizierter, als es hier zu sein scheint, denn es ist höchst ungewiss, ob wir unsere ›eigene‹, ›authentische‹ Sprache, die es schlicht zu befreien gälte, bereits haben. Eine der wichtigsten Einsichten Alcoffs und anderer Latinx-Philosophinnen besteht ja gerade darin, dass es diese ›eigene‹ Sprache gar nicht unbedingt gibt, dass auch die Muttersprache längst verloren ist. Das Einzige, was bleibt, ist vielleicht nur ein vages Gefühl der Nichtpassung und Fremdheit – in jeder Sprache.

Aus diesem Grund kann es nicht nur um eine Vervielfachung von Sprachen gehen, sondern es müssen neue Sprachen entwickelt werden, die neue Begegnungen ermöglichen können – Sprachen, denen diese Fremdheit selbst reflexiv eingeschrieben ist. Auch dies zeigt Gloria Anzaldúa in ihrem Buch *Borderlands – La Frontera* beispielhaft, in dem sie ein Schreiben im ständigen Wechsel zwischen Affekt und Reflexion, zwischen Lyrik und Essay, zwischen Obskurität und Struktur – und eben auch zwischen Spanisch und Englisch erprobt. Stets bewegt sie sich an den Rändern des Verstehbaren und erkundet gleichzeitig die Räume (für ein anderes Verstehen), die sich an diesen Rändern öffnen.

Anzaldúa schlägt vor, die Entfremdung in jeder der ihr verfügbaren Sprachen und den Bruch in jeder der ihr verfügbaren Identitäten zum Ausgangspunkt für andere Sprachen und andere Kollektivitäten zu machen. Wenn es weder ein entfremdungsfreies Ich noch ein entfremdungsfreies Wir gibt, dann kann gerade dies zur Quelle für neue kollektive Praktiken und neue, ganz andere Zugehörigkeiten werden, die die Des-Identifikation an Stelle der Identifizierung annehmen und zum Ausgangspunkt von etwas Neuem machen. Nur wenn wir uns von der Idee scheinbar gegebener Identitäten befreien, kann die Möglichkeit freigesetzt werden, mit anderen (die anders sind als ich) zusammen jemand anderes zu werden. Diese Möglichkeit kann auch die Grundlage bilden, um gemeinsam – und aus dieser Differenz heraus – an einem universalistischen Projekt und neuen Formen der Allgemeinheit zu arbeiten, an einem »Wissen, das die Konstruktion von Welten ermöglicht, die in geringerem Maße durch Achsen der Herrschaft organisiert sind.«[20]

Das bedeutet natürlich nicht, dass vorhergehende Erfahrungen und unterschiedliche Ausgangspunkte – auch unterschiedliche Ressourcen etwa an Zeit, Status, Sicherheit oder an Zugang zu Institutionen – dann in dieser neuen Kollektivität doch plötzlich aufgehoben seien. Ganz im Gegenteil: Es würde darum gehen, diesen Unterschieden auf eine Weise Raum zu geben, dass sie dennoch eine gemeinsame Politisierung und den Entwurf geteilter Standpunkte auslösen und eine Art kollektiver Handlungsfähigkeit stärken können.

Dabei können Formen der Repräsentation und Fürsprache vielleicht sogar mehr als nur unvermeidbar, sondern auch fruchtbar sein, insofern sich in ihnen das Unzureichende und Interpretative (und damit das potentiell Verfälschende) *jeder* Stimme zeigt und auf diese Weise die Zwiespältigkeit und Anfechtbarkeit der Kollektive, in denen wir handeln, herausgestellt und thematisiert werden kann.

20 Haraway 1995 [1988], S. 85.

Von seinem Anspruch her gesehen geht dieser Vorschlag über Alcoffs Konzentration auf die politische Wirksamkeit (die als Kriterium freilich ihrerseits schon recht viel voraussetzt) hinaus, doch können gerade ihre ›Probleme‹ zu Mut und Experimentierfreude anregen, um diese neuen Kollektive und Formen des Füreinander-Sprechens zu suchen und zu erproben.

Marina Martinez Mateo